Die Magie-Formel

Strukturen, Dynamiken und Formeln
der Zauberkunst

Bücher von Harry Eilenstein:

- Astrologie (496 S.)
- Photo-Astrologie (428 S.)
- Horoskop und Seele (120 S.)
- Tarot (104 S.)
- Handbuch für Zauberlehrlinge (408 S.)
- Physik und Magie (184 S.)
- Die Magie-Formel (156 S.)
- Der Lebenskraftkörper (230 S.)
- Die Chakren (100 S.)
- Das Chakren-System mit den Nebenchakren (296 S.)
- Meditation (140 S.)
- Reinkarnation (156 S.)
- Drachenfeuer (124 S.)
- Krafttiere – Tiergöttinnen – Tiertänze (112 S.)
- Schwitzhütten (524 S.)
- Totempfähle (440 S.)
- Muttergöttin und Schamanen (168 S.)
- Göbekli Tepe (472 S.)
- Hathor und Re 1: Götter und Mythen im Alten Ägypten (432 S.)
- Hathor und Re 2: Die altägyptische Religion – Ursprünge, Kult und Magie (396 S.)
- Isis (508 S.)
- Die Entwicklung der indogermanischen Religionen (700 S.)
- Wurzeln und Zweige der indogermanischen Religion (224 S.)
- Der Kessel von Gundestrup (220 S.)
- Der Chiemsee-Kessel (76)
- Cernunnos (690 S.)
- Christus (60 S.)
- Odin (300 S.)
- Die Götter der Germanen (Band 1 – 80)
- Dakini (80 S.)
- Kursus der praktischen Kabbala (150 S.)
- Eltern der Erde (450 S.)
- Blüten des Lebensbaumes 1: Die Struktur des kabbalistischen Lebensbaumes (370 S.)
- Blüten des Lebensbaumes 2: Der kabbalistische Lebensbaum als Forschungshilfsmittel (580 S.)
- Blüten des Lebensbaumes 3: Der kabbalistische Lebensbaum als spirituelle Landkarte (520 S.)
- Über die Freude (100 S.)
- Das Geheimnis des inneren Friedens (252 S.)
- Von innerer Fülle zu äußerem Gedeihen (52 S.)
- Das Beziehungsmandala (52 S.)
- Die Symbolik der Krankheiten (76 S.)
- König Athelstan (104 S.)
- Herz des Tanzes – Tanz des Herzens (160 S.)

Kontakt: www.HarryEilenstein.de / Harry.Eilenstein@web.de **Impressum:** Copyright: 2011 by Harry Eilenstein – Alle Rechte, insbesondere auch das der Übersetzung, vorbehalten. Kein Teil des Buches darf ohne schriftliche Genehmigung des Autors und des Verlages (nicht als Fotokopie, Mikrofilm, auf elektronischen Datenträgern oder im Internet) reproduziert, übersetzt, gespeichert oder verbreitet werden. **Herstellung und Verlag:** BoD - Books on Demand, Norderstedt **ISBN:** 9783752860702

Inhaltsverzeichnis

1. Eine Magie-Formel?

Kann man Magie wie eine Wissenschaft untersuchen, beschreiben und anwenden?

Kann man in der Magie Arbeitshypothesen aufstellen, Experimente durchführen, die Hypothesen anhand der Experiment-Ergebnisse weiterentwickeln und so zu einer immer genaueren Beschreibung gelangen, die es ermöglicht, Magie immer effektiver anzuwenden?

Zunächst einmal kann man feststellen, daß Magie schon immer ein Bestandteil der menschlichen Kultur gewesen ist und daß sich die Vorstellungen über die Magie im Laufe der Zeit verändert haben. Daher gibt es heute Magie-Formen, die aus den verschiedensten Zeiten und Kulturen stammen und aus denen mittlerweile ein buntes Bild entstanden ist.

Es gibt die Magie, die den Kontakt benötigt: Ein Woodoo-Püppchen funktioniert nur, wenn sich in ihm ein Haar o.ä. des Menschen befindet, der geheilt oder dem geschadet werden soll.

Es gibt die Magie, die ein genaues Gleichnis verwendet: Ein Reichtums-Zauber funktioniert am besten, wenn man in ihm die Symbole des Fülle-Planeten Jupiter verwendet.

Es gibt die Magie, die sich an eine Gottheit wendet: Gebete an Gott, Allah, Buddha, Maria, Isis usw. um Rat und Hilfe.

Es gibt die Magie, in der man sich mit einer Gottheit identifiziert, um deren Qualität und deren Gaben in das eigene Leben zu rufen: Invokationen.

Es gibt die Magie, die sich an die Ahnen wendet: Gebete, Traumreisen, Beschwörungen, spiritistische Sitzungen, bei denen die Ahnen gerufen und um Rat und Hilfe gebeten werden.

Und es gibt durchaus noch mehr Arten der Magie, verschiedene Mischformen, und schließlich auch noch die unterschiedlichen Kulturen, die diese Formen der Magie in ein unterschiedliches Gewand kleiden und die die Stellung der Magie in der Welt verschieden deuten …

Wie kann man überprüfen, ob es in all diesen Methoden und Ansätzen ein allgemeines Prinzip gibt, nach dem die Magie funktioniert?

Der erste Schritt ist, möglichst sicher nachzuweisen, daß es überhaupt nicht-kausale Wirkungs-Möglichkeiten gibt.

Der zweite Schritt ist, das Verhältnis zwischen Physik und Magie zu beschreiben, um den Unterschied zwischen dem kausal-orientierten Handeln und dem magisch-orientierten Handeln zu erkennen.

Der dritte Schritt ist, die verschiedenen Eigenschaften, Dynamiken, Umstände,

Fähigkeiten usw., die in der Magie eine Rolle spielen, genauer zu betrachten und zu schauen, ob es zwischen ihnen erkennbare Zusammenhänge gibt.

Nach diesen drei Schritten kann man dann anhand der Ergebnisse weitersehen – diese drei Schritte sind sozusagen der „erste Versuchsaufbau".

Forschung ist stets eine Reise in das Unbekannte …

2.   Nachweis, daß es das betrachtete Objekt gibt

Glücklicherweise ist der Nachweis der Existenz der Magie recht einfach. Im Folgenden sind drei Versuche angeführt, von denen sich zumindestens die beiden ersten recht schnell und ohne große Mühe durchführen lassen.

2. a)   Telepathie

Für diesen Versuch braucht man eine Gruppe von mindestens vier Personen – am besten eine größere Gruppe wie z.B. eine Schulklasse o.ä.

Man steckt mindestens ein Dutzend Postkarten mit markanten Motiven in Briefumschläge und verschließt diese Umschläge.

Dann setzen sich jeweils vier Personen an einen Tisch setzen und legen einen der verschlossenen Umschläge in die Mitte auf den Tisch. Die vier Personen haben nun ein paar Minuten Zeit, um sich auf das Bild auf der Postkarte in dem verschlossenen (und undurchsichtigen) Umschlag zu konzentrieren und zu schauen, welche Eindrücke sie dabei wahrnehmen. 2-3 Minuten sind im allgemeinen ausreichend Zeit dafür. Dabei wird nicht geredet.

Danach schreibt jede der vier Personen (weiterhin schweigend) alle ihre Wahrnehmungen auf einen Zettel.

Anschließend werden die Wahrnehmungen verglichen und nach der Häufigkeit sortiert. Die Formen, Farben, Motive, Gefühle, Gedanken usw., die drei oder alle vier Personen übereinstimmend wahrgenommen haben, bilden das Grundgerüst der Bild-Beschreibung, die dann im nächsten Schritt aus diesen Wahrnehmungen erschaffen wird.

Aus z.B. 4x „blau", 3x „rechts oben gelb", 4x „entspannend" und 3x „naß" kann man eine „blaue Fläche, mit etwas gelb oben rechts und dem Gefühl von Nässe und Entspannung" machen – man kann vermuten, daß es sich um eine Sonnenschein-Szene am Meer handelt. Wenn nun noch zwei Personen ein Schiff gesehen haben, kann man diese Szene zu „Urlaubs-Szene am Meer mit Schiff und Sonne rechts oben" erweitern. Von den Dingen, die nur eine Person gesehen hat, sollte man nur diejenigen hinzunehmen, die mühelos in dieses Bild passen – in diesem Fall z.B. eine Palme.

Wenn diese Bild-Beschreibung fertig ist, wird der Briefumschlag geöffnet und das Bild mit der Beschreibung verglichen.

Diese Versuchsanordnung ermöglicht es, die „Störgeräusche", also die individuellen Assoziationen, die nichts mit der telepathischen Wahrnehmung des Bildes zu tun haben, auszusondern und dadurch eine klare kollektive Wahrnehmung des Bildes in dem Briefumschlag zu erhalten.

Wenn dieser Versuch von mehreren Gruppen gleichzeitig durchgeführt wird, ist der Überzeugungs-Effekt noch größer, da man dann mehrere (telepathische) Bild-Beschreibungen und das dazugehörige Postkarten-Bild miteinander vergleichen kann.

2. b) Telekinese

Dieser Versuch besteht darin, daß man ein gefaltetes Stückchen Papier so auf eine Nadelspitze hängt, daß das Papier nicht herunterfällt und sich fast reibungsfrei drehen kann. Dann hält man seine rechte Hand rechts neben das Papier, woraufhin sich das Papier nach einer Weile gegen den Uhrzeigersinn zu drehen beginnt. Hält man seine linke Hand links neben das Papier, dreht sich das Papier im Uhrzeigersinn.

Wie man im Shiatsu und allgemein in der traditionellen chinesischen Medizin beschrieben wird, fließt das Chi, also die Lebenskraft, am Innenarm über die Handfläche zu den Fingern hin und von dort aus über den Handrücken und den Außenarm wieder zum Körper zurück. Da nun alle Dinge mehr oder weniger viel Lebenskraft enthalten, berührt dieser Lebenskraftfluß auch die Lebenskraft des Papiers und dreht sie mit.

Auffälligerweise ist die Drehgeschwindigkeit des Papiers unabhängig davon, ob man die rechte oder die linke Hand benutzt, ob man den Versuch alleine oder mit vier Personen gleichzeitig durchführt – sie beträgt stets ca. 1 Umdrehung pro Minute, wenn das Stückchen Papier eine Seitenlänge von 5-6cm hat. Daraus läßt sich schließen (wenn man einmal die Reibungsverluste des Papiers an der Nadelspitze vernachlässigt), daß die Lebenskraft im menschlichen Körper mit ca. 20cm pro Sekunde (=0,72 km/h) fließt (eine Umdrehung pro Sekunde => einmal den Umfang pro Sekunde weitergedreht => Umfang = 6cm·π = ca. 20cm).

Allerdings geht es auch ohne die Nähe der Hand zu dem Papierkarussell – man kann das Papierrädchen auch durch den bloßen Entschluß drehen. Mit der Hand neben dem Papierrädchen ist es jedoch zunächst deutlich einfacher.

Hier noch eine genauere Beschreibung der Versuchsanordnung:

Nehmen Sie ein kleines Stückchen Pappe als Fundament und stecken Sie eine Nadel hindurch, sodaß die Spitze nach oben ragt.

Schneiden Sie ein quadratisches Stückchen Papier mit einer Seitenlänge von 5-6cm Länge aus einer Papierart mit harter Oberfläche aus – die harte Oberfläche erkennt man daran, daß auf der Packung „oberflächengeleimt" steht, oder daran, daß das Papier glänzt; manchmal ist auch die eine Seite eines Papier glänzend und die andere matt. Die glatte, harte, glänzende Oberfläche des Papiers verringert noch weiter die ohnehin schon geringe Reibung.

Falten Sie nun so viermal das Papier und streichen Sie es danach jeweils wieder glatt, daß sie vier Falten erhalten – zwei Diagonalen und die beiden dazwischenliegenden „Seitenmittenverbindenden". Es ergibt sich also ein achtstrahliger Stern. Falten Sie dabei für die Diagonalen das Papier nach unten und für die „Seitenmittenverbindenden" das Papier nach oben. Nun können Sie das Papier durch ein wenig Knicken zu einem flachen Stern falten, der an den Diagonalen einen Grat nach oben hat und an den „Seitenmittenverbindenden" ein Tal nach unten hat.

Legen sie nun das Papier mit seiner Mitte auf die Nadelspitze und prüfen Sie durch leichtes Anstoßen, ob es stockt oder ob es sich mühelos dreht.

Im Internet kann man sich unter „youtube Telekinese" mehrere Videos dieses Versuches ansehen.

2. c) Astrologie

Für den Nachweis der Astrologie ist es notwendig, mehrere Horoskope von Personen, die man entweder persönlich kennt oder die einem aufgrund ihrer Werke und ihres Wirkens (Dichter, Erfinder, Politiker u.ä.) bekannt sind.

Dies erfordert zwar einen gewissen Aufwand, aber es ist die direkteste Methode, um die Existenz von „nicht kausal bedingten Analogien" nachzuweisen – also bei einem Horoskop die Übereinstimmung zwischen dem Planetenstand bei der Geburt eines Menschen und dem Charakter und Lebensstil dieses Menschen.

3.   Das Verhältnis zwischen Physik und Magie

Dieses Thema habe ich schon ausführlich in meinem Buch „Physik und Magie" beschrieben. Das Folgende ist nur eine sehr kurze Zusammenfassung eines Teiles dieses Buches.

3. a)   Die Blickwinkel der Physik und der Magie

Diese beiden Weltbilder betrachten die Welt von zwei grundsätzlich verschiedenen Standpunkten aus, was natürlich auch zu unterschiedlichen Beschreibungen der Welt führt:

Das physikalische Weltbild beruht auf der Betrachtung von Ursache und Wirkung und ist daher eine Beschreibung von kausalen Zusammenhängen, d.h. von der Entwicklung von Systemen im zeitlichen Verlauf.

Das magische Weltbild beruht zu einem sehr großen Teil auf Analogien wie z.B. dem Ausgießen von Wasser im Regenzauber, dem Anrufen des Kraft-Planeten Mars in der Kampf-Magie, die Beschreibung des menschlichen Charakters anhand des Planetenstandes bei der Geburt, die Suche von Rat durch das Legen von Tarotkarten usw.
Daher beschreibt das magische Weltbild Zusammenhänge im Jetzt, also umfassende Muster in der Welt, in denen Ähnliches miteinander gekoppelt ist.

Die Physik und allgemein die Naturwissenschaften betrachten, was auf der Zeitachse geschieht – die Magie betrachtet, wie die Dinge im Jetzt miteinander zusammenhängen.
Dies sind zwei grundlegend verschiedene Betrachtungsweisen, die sich daher nicht widersprechen, sondern die miteinander kombiniert werden können:

Im physikalischen Weltbild ist alles eine komplexe kausale Wechselwirkung, die in ihrer Gesamtheit der „Lauf der Welt" ist.

Im magischen Weltbild ist alles ein großes Bild, in dem alles mit allem zusammenhängt (Analogien, Verwandtschaften, Gleiches wirkt auf Gleiches). Dadurch entsteht ein Bild der Welt, das wie ein großes Mandala ist und in dem alles seinen Platz hat und in einem sinnvollen Verhältnis zu allem anderen steht.

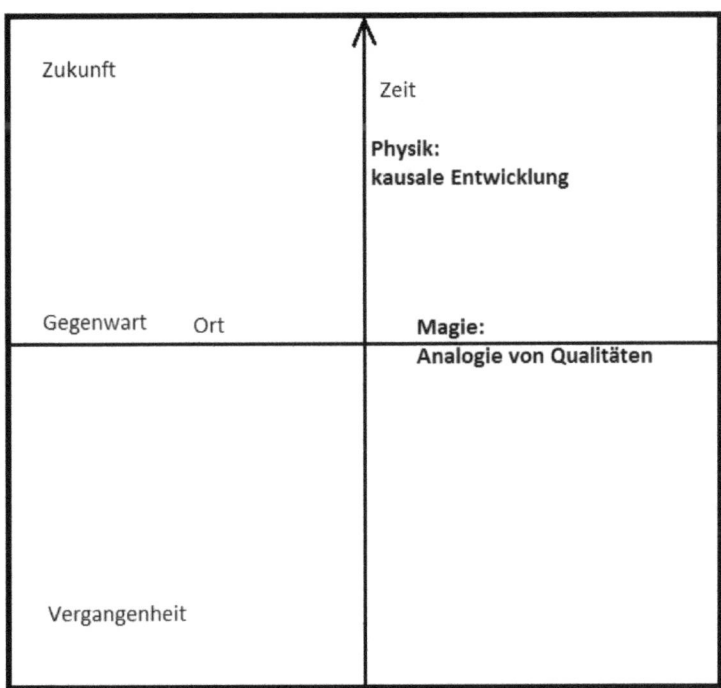

die Kombination des physikalischen Weltbildes mit dem magischen Weltbild

Innerhalb dieses Diagrammes könnte man die Physik als das „vertikale Weltbild" und die Magie als das „horizontale Weltbild" bezeichnen.

3. b)   Ein einheitliches Weltbild

Wenn man diese beiden Weltbilder kombiniert, erhält man das Bild eines sich wie ein Kaleidoskop entfaltenden Mandalas, in dem jede Entwicklung mit anderen Entwicklungen gekoppelt ist. Daher hat alles, was geschieht, in einem solchen Weltbild einen „Sinn", d.h. einen Zusammenhang mit anderen Ereignissen, die als Umfeld jedem Einzelereignis sozusagen eine „Heimat" geben.

Nichts geschieht in der Welt isoliert von allem anderem – nicht nur in kausaler Hinsicht, sondern auch in magischer Hinsicht. Alles ist sowohl kausal bedingt als auch durch seine Analogien geprägt, wobei die Analogien am einfachsten durch die

Astrologie erfaßbar sind.

Die am einfachsten erfaßbare Form, in der diese Ordnung erkannt werden kann, sind die Wünsche, die man ausspricht und die dann in Erfüllung gehen.

Die unterschiedliche Entfaltung der Welt in dem kausalen Weltbild und in dem kombinierten magisch-kausalen Weltbild läßt sich durch ein paar Diagramme veranschaulichen. In beiden Weltbildern gelten die Erhaltungssätze, die besagen, daß die Summe aller Dinge in der Welt immer gleich bleibt – wenn irgendwo eine positive Ladung entsteht, muß anderswo auch eine negative Ladung entstehen und zu jedem Impuls gibt es auch den Gegenimpuls („actio = reactio") usw.

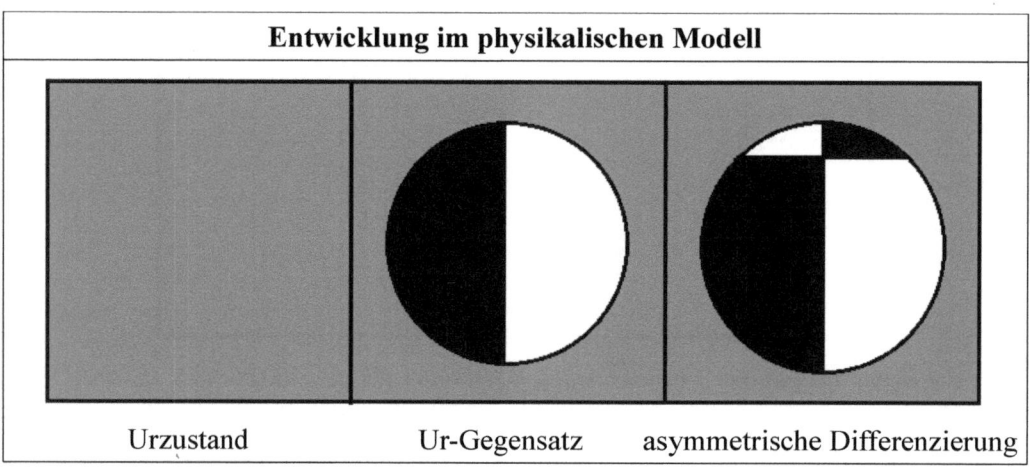

Entwicklung im physikalischen Modell

Urzustand   Ur-Gegensatz   asymmetrische Differenzierung

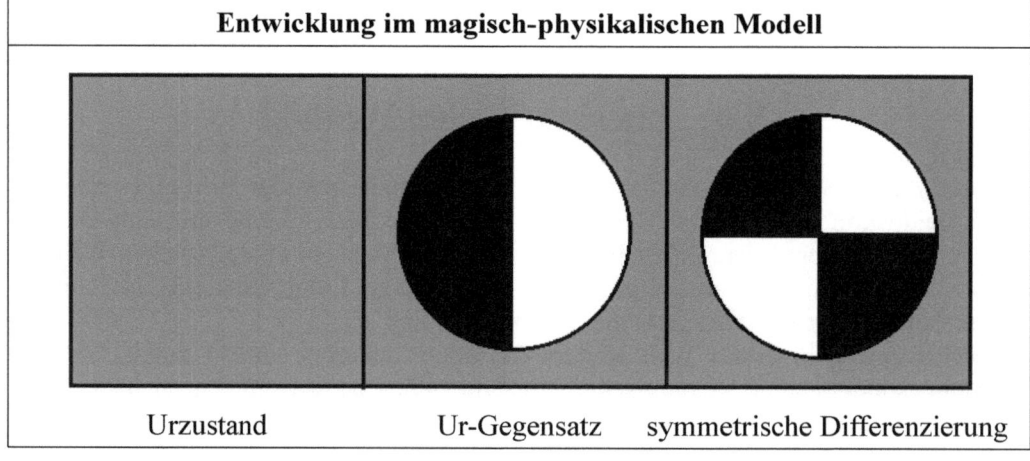

Entwicklung im magisch-physikalischen Modell

Urzustand   Ur-Gegensatz   symmetrische Differenzierung

14

Wenn dieses kombinierte physikalisch-magische Weltbild tatsächlich eine zutreffende Beschreibung der Welt sein sollte, muß es in dem physikalischen und in dem magischen Weltbild Elemente geben, die in beiden gleich sind, da beide Weltbilder dieselbe Welt beschreiben.

3. c) Die Winkel in den beiden Weltbildern

Am einfachsten läßt sich die übereinstimmende Qualität der Winkel in beiden Weltbildern nachweisen, wobei die Beschreibungen der Qualität der Winkel im magischen Weltbild alle aus der Astrologie stammen. Die Winkel sind für diese Untersuchung deshalb so praktisch, weil ein Winkel unabhängig davon ist, ob er sich in einem physikalischen Diagramm und in einem magischen oder astrologischen Diagramm befindet.

Winkel lassen sich am einfachsten durch eine °-Zahl angeben. Ein rechter Winkel hat z.B. 90°.

0°: Wenn zwei Dinge an derselben Stelle stehen, sind sie miteinander verbunden.

Das trifft auch für die Naturwissenschaften zu wie z.B. im Fall von zwei nebeneinanderliegenden Zellen, von zwei Protonen in einem Atomkern, bei dem Austausch von Energiequanten bei einer Wechselwirkung, bei dem Zusammenhalt eines Planeten durch die Schwerkraft usw. Der 0°-Winkel entspricht der einpolaren Gravitation (Schwerkraft): Alles zieht alles an.

In der Astrologie wird der 0°-Aspekt „Konjunktion" genannt und beschreibt ein Verhältnis zwischen zwei Planeten, die sozusagen eine „Ehe" eingegangen sind und immer gemeinsam handeln.

180°: Wenn zwei Dinge sich gegenüberstehen, bilden sie einen Ergänzungs-Gegensatz.

In der Physik findet sich dies z.B. in den beiden Polen eines Magneten oder in der elektrischen Anziehung zwischen verschiedenen Ladungen („+" und „-"). Der 180°-Winkel entspricht der zweipolaren elektromagnetischen Kraft mit ihrem ständigen Wechsel zwischen ihren beiden Polen.

In der Astrologie wird dieser Aspekt „Opposition" genannt. Er ist wie eine Schaukel, bei der man ständig zwischen den beiden Polen hin- und herwechselt. Das chinesische I Ging („Buch der Wandlungen") ist vollständig auf diesem Ergänzungs-Gegensatz („Yin" und „Yang") aufgebaut und beschreibt den aus ihm heraus entstehenden „Fluß des Lebens" („Tao").

90°: Dieser Winkel spannt einen Raum auf – sein Charakter ist wie eine Zeltstange: zwei zueinandergehörende Dinge (Bodendecke und Zeltplane) werden voneinander getrennt, wodurch ein Raum entsteht.

In der Physik findet sich dies vor allem in dem rechten Winkel zwischen der elektrischen Welle und der magnetischen Welle. Die Energie ist niemals in beiden Wellen gleichzeitig, sondern wechselt zwischen beiden hin- und her. Auch der Spin eines Elementarteilchens („Eigenrotation") steht stets im rechten Winkel zu der Flugrichtung dieses Teilchens.

In der Astrologie wird dieser Winkel „Quadrat" genannt und beschreibt zwei Planeten, die sich zwar aufeinander beziehen, aber niemals gemeinsam handeln, die also stets voneinander getrennt bleiben.

60°: Dieser Winkel ist die Kombination von gleichen Elementen zu einer großen Gruppe.

Dies findet sich z.B. bei den Bienenwaben, bei Schneeflocken, bei der Anordnung der Protonen und Neutronen in einem Atomkern, bei Kohlenstoff-Ringen, bei den Neutronen in Neutronen-Sternen usw. In einundderselben Umlaufbahn um einen Planeten können sich mehrere Monde befinden, wenn sie von dem Planeten aus gesehen einen Abstand von 60° voneinander haben.

In der Astrologie wird dieser Aspekt „Sextil" genannt und beschreibt Planeten, die sich bei Bedarf zu einem gemeinsamen Handeln zusammenschließen können. Die harmonisierende Wirkung dieses Winkels ist u.a. durch das Symbol der „Blüte des Lebens" dargestellt worden, bei dem sich auf jedem Kreis in diesem Symbol die Mittelpunkte von weiteren sechs Kreisen befinden, die jeweils 60° voneinander entfernt sind.

120°: Dieser Winkel stellt eine feste Verbindung von verschiedenen Elementen dar.

In der Physik findet sich dieser Winkel vor allem als die dreipolare Farbkraft („starke Wechselwirkung"), die die drei Quarks in einem Proton oder Neutron zusammenhält. Es werden stets drei Quarks gebraucht, um eine stabile und nach außen hin neutrale Einheit zu bilden. Die drei Pole der Farbkraft werden „rot", „blau" und „gelb" genannt – diese drei Farben ergeben zusammen „weiß" (deshalb „Farbkraft").

Den astrologischen „Trigon"-Aspekt kann man wie eine Freundschaft auffassen: Zwei Planeten stehen an verschiedenen Stellen im Horoskop, aber handeln stets gemeinsam.

Die drei Grundkräfte, ihre neutralen Einheiten und die Winkel in ihnen kann man wie folgt graphisch darstellen:

Die drei Grundkräfte		
Gravitation	*elektromagnetische Kraft*	*Farbkraft*
einpolar	*zweipolar*	*dreipolar*
Punkt	*Gegensatz*	*Dreieck*
Konjunktion	*Opposition*	*Trigon*
0°-Winkel	*180°-Winkel*	*120°-Winkel*

3. d)   Der zwölf-geteilte Kreis in den beiden Weltbildern

Es gibt noch ein zweites „graphisches Element", das sowohl in der Physik als auch in der Magie dieselbe Qualität und dieselbe Stellung hat: der Tierkreis bzw. die Heisenberg'sche Spinkette („Superstring").

Der Tierkreis besteht aus 12 gleichgroßen Feldern (30°), die klar voneinander abgegrenzt sind, d.h. die scharfe Übergänge zueinander besitzen.

Die Superstring-Theorie, die die Grundlage der heutigen Physik ist, beschreibt alle Elementarteilchen vereinfacht gesagt als schwingende Kreise. Dies kann man sich am besten als eine schwingende Saite vorstellen, die jedoch nicht zwischen zwei Punkten aufgespannt ist, sondern einen Kreis bildet.

17

Die Schwingung dieses Kreises ist eine „stehende Welle", d.h. sie schwingt wie die Saite einer Geige oder einer Gitarre. Das bedeutet, daß es in gleichmäßigen Abständen Stellen auf dieser Saite gibt, die immer in Ruhe sind, während die Bereiche zwischen diesen Stellen auf- und abschwingen.

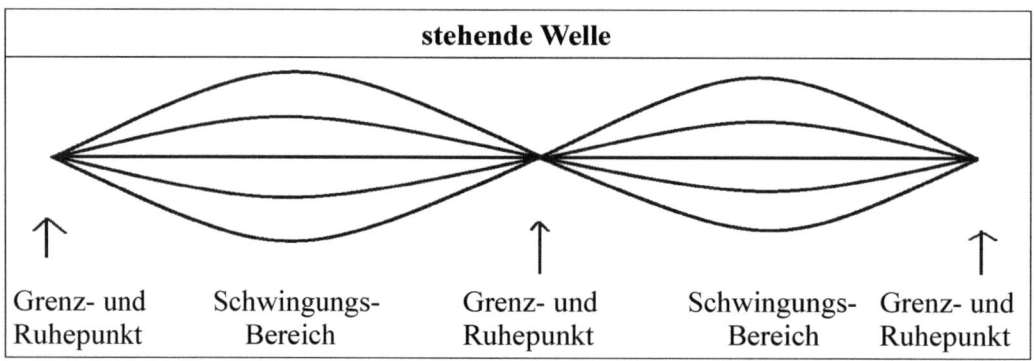

Die stehende Welle ist eines der sehr wenigen physikalischen Phänomene, die aus einer Gruppe von gleichgroßen, aber scharf voneinander abgegrenzten Bereichen besteht – und somit eine Entsprechung zum Tierkreis mit seinen zwölf gleichgroßen und scharf voneinander abgegrenzten Tierkreiszeichen ist.

Die einfachste Heisenberg'sche Spinkette hat wie der Tierkreis zwölf Schwingungsbereiche und dazwischen zwölf Ruhepunkte, die den zwölf Grenzen zwischen den Tierkreiszeichen entsprechen.

Die Heisenberg'sche Spin-Kette ist sozusagen der Grund-Bauplan aller Elementarteilchen, aus denen wiederum die gesamte Materie besteht.

Sowohl der Tierkreis als auch die Heisenberg'schen Spin-Ketten (Superstrings) haben die Struktur einer zwölfteiligen, kreisförmigen stehenden Welle – dieser schwingende, zwölfteilige Kreis ist sowohl das Grundmuster des physikalischen als auch des magischen Weltbildes.

zwölfteilige stehende Welle:
Tierkreis / Heisenberg'sche Spin-Kette

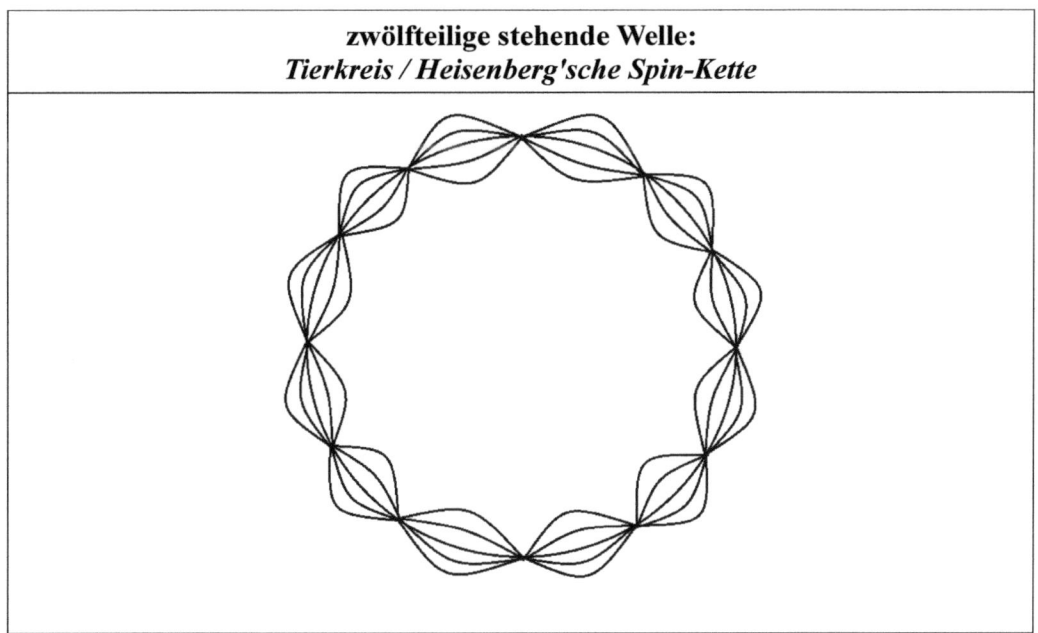

Jeder Wellenberg entspricht einem Tierkreiszeichen. Die unbewegten Nullpunkte sind die Grenzen zwischen den Tierkreiszeichen.

3. e) Tierkreis und Elementarteilchen

Dieser 12-geteilte Kreis hat einen inneren Aufbau, der in der Physik (Heisenberg'sche Spinketten) und in der Magie (Tierkreis) derselbe ist.

Die „12" findet sich noch an einer zweiten Stelle in dem physikalischen Weltbild: Es gibt genau 12 Elementarteilchen. Diese 12 Teilchen bestehen aus vier Grundtypen, die in jeweils drei Größen auftreten.

Diese Struktur entspricht den vier Elementen (Feuer, Wasser, Luft, Erde) des Tierkreises, die in jeweils drei Dynamiken (erschaffend, gestaltend, beweglich) auftreten.

Die 12 grundlegenden Elementarteilchen und der Tierkreis			
	1. Familie **normale Teilchen;** erschaffende Tierkreiszeichen	**2. Familie** **schwere Teilchen;** gestaltende Tierkreiszeichen	**3. Familie** **sehr schwere Teilchen;** bewegende Tierkreiszeichen
Quarks *mit Ladung +2/3* *Feuer*	„up"-Quark Widder	„charm"-Quark Löwe	„truth"-Quark Schütze
Quarks *mit Ladung -1/3* *Wasser*	„down"-Quark Krebs	„strange"-Quark Skorpion	„beauty"-Quark Fische
Leptonen *mit Ladung -1* *Luft*	Elektron Waage	Myon Wassermann	Tauon Zwillinge
Neutrinos *mit Ladung 0* *Erde*	Elektron-Neutrino Steinbock	Myon-Neutrino Stier	Tauon-Neutrino Jungfrau

Diese beiden Beispiele (Winkel und 12er-Kreis) zeigen deutlich, daß das physikalische und das magische Weltbild dieselben Elemente enthalten, aber diese Elemente von verschiedenen Standpunkten aus betrachten. Sowohl die Physik als auch die Magie beschreiben dieselbe Welt …

3. f) Die elf Dimensionen in den beiden Weltbildern

Das heutige physikalische Modell für die Beschreibung der Welt ist die Superstringtheorie. Sie ist ein komplexes mathematisches Modell, das statt der gewohnten drei Raum-Dimensionen elf Dimensionen hat. Wenn man diese elf Dimensionen zunächst einmal nur als bestimmte Aspekte oder Qualitäten der Welt betrachtet, ist es etwas einfacher, sich dieses Modell vorzustellen.

Die erste Dimension, die die Quelle des gesamten Systems ist, ist die Zeit. Sie ist überall.

Die zweite, dritte und vierte Dimension sind die drei Raumdimensionen. Sie sind wie die Zeit endlose Dimensionen, aber sie sind nicht mehr überall, sondern eben nur immer in einer der drei Raum-Richtungen – und sie sind auch nur im Jetzt und nicht in der Vergangenheit, der Gegenwart und der Zukunft wie die Zeit.

Die nächsten sechs Dimensionen, also die fünfte bis zehnte Dimension, sind sozusagen „interne Qualitäten" der Materie. Diese Dimensionen sind daher nicht endlos wie die Zeit-Dimension und wie die drei Raum-Dimensionen, sondern begrenzt – sehr begrenzt, da ihre Ausdehnung viel kleiner als ein Elektron ist (genau gesagt in etwa so groß wie die Plancklänge).

Schließlich gibt es noch eine elfte Dimension, die wie eine „Hülle" ist, die die anderen zehn Dimensionen zusammenfaßt und „auf den Punkt bringt".

In der Magie findet sich ein Modell der Welt, das eine Struktur darstellt, die in allen Dingen enthalten ist: der Lebensbaum aus der Kabbala.

Diese Graphik hat wie die Superstringtheorie elf Dimensionen und diese elf Dimensionen haben genaudieselben Qualitäten wie die Superstringtheorie. Diese „Dimensionen" heißen in der Lebensbaum-Graphik „Sephiroth", d.h. „Sphären, Bereiche".

Der erste Bereich (Kreis) ganz oben ist die Einheit und der Ursprung, in der Religion also Gott.

Die nächsten drei Bereiche (oben links, oben rechts, der gestrichelte Kreis darunter) beschreiben die Expansion und die Möglichkeiten und den grundlegenden Aufbau eines Systems. In Bezug auf die Religion ist dies der Bereich der Gottheiten. Die Qualitäten der Gottheiten sind präzise, schlicht und unbegrenzt – wie die drei Raumdimensionen.

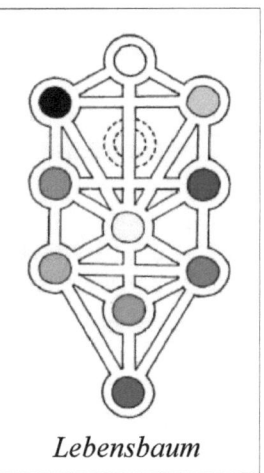

Lebensbaum

Die nächsten sechs Bereiche sind begrenzte Aspekte des Gesamtsystems. In Bezug auf die Religion beschreiben die oberen drei dieser Bereiche die Seele und die unteren drei die Psyche.

Der unterste Bereich entspricht der elften Dimension, die die zehn übrigen Dimensionen zusammenfaßt. In Bezug auf die Religion ist dies der Körper und die materielle Welt.

Die im vorigen Abschnitt beschriebene Struktur des zwölfgeteilten Kreises ist auch ein Aspekt dieser Graphik. Sie findet sich bei den grundlegenden Übergängen auf dem Lebensbaum.

An dem 1. Übergang entstehen die ersten Einheiten in der Welt (Energiequanten), die sich allesamt als zwölfgeteilte Heisenberg'sche Spinketten („Superstrings") beschreiben lassen.

In der Religion ist dies die Erschaffung der Welt durch Gott.

Der 2. Übergang beschreibt in der Physik das Verhältnis zwischen der Raumzeit (die vier oberen Bereiche) und den Elementarteilchen (Bereich 4-7). Aus der Raumzeit, deren „Krümmungen", d.h. deren „Verformungen" die Energiequanten sind, entstehen die Elementarteilchen, von denen es wieder genau zwölf gibt (wie weiter oben beschrieben).

In der Religion ist dies die Erschaffung der Seelen der Menschen.

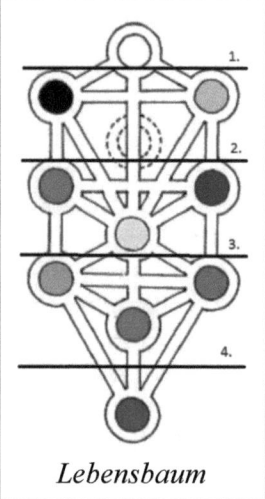

Lebensbaum

Der 3. Übergang zwischen dem mittleren Bereich (der siebte von oben) und dem Bereich darunter trennt die Seele (die drei Bereich über dem Übergang) von der Psyche (die drei Bereiche unter dem Übergang). In der Religion findet hier mehrere Dinge statt:

- die Inkarnation einer Seele in einen Menschen (der Übergang wird von oben nach unten überschritten),
- der Tod eines Menschen (der Übergang wird von unten nach oben überschritten) und
- die Selbsterkenntnis, die Einweihung, die Jenseitsreise und ähnliche Vorgänge (der Übergang wird von unten nach oben und wieder zurück nach unten überschritten).

In der Magie findet sich hier das Horoskop, das auf dem zwölfteiligen Tierkreis beruht – es entsteht, wenn sich die Seele (siebte, mittlere Kugel) inkarniert und sich eine Psyche erschafft (die drei Bereiche darunter).

In der Physik entsprechen die zwölf Formen der Elektronenhülle diesem Übergang – der Bereich über diesem Übergang ist der Atomkern, die drei Bereich unter ihm die Elektronenhülle und die Wechselwirkung zwischen den Elektronenhüllen verschiedener Atome (Molekülbildung u.ä.).

An dem 4. Übergang findet sich der Einfluß der Planeten auf die aktuelle Situation, die in der Astrologie „Transite" genannt werden.

In der Physik findet sich hier das Wirken der verschiedenen Kräfte auf die Materie.

(Eine ausführliche Beschreibung des Lebensbaumes findet sich in meinen drei Bänden „Blüten des Lebensbaumes").

3. g) Ergebnis

Es läßt sich sowohl in der Physik als auch in der Magie eine recht komplexe Struktur findet, die detailreich ist und in allen Details übereinstimmt:

1. die elf Dimensionen der grundlegenden Struktur,
2. der zwölfgeteilte Kreis als die Grundstruktur aller Dinge,
3. der zwölfgeteilte Kreis als das Merkmal der vier Übergänge auf der elf-dimensionalen Grundstruktur, und
4. die Qualität der Winkel in den Vorgängen in dieser Grundstruktur.

Diese Betrachtungen zeigen, daß sich in den beiden Weltbeschreibungen durch die Physik und durch die Magie eine sehr weitreichende strukturelle Übereinstimmung findet – auch wenn hier nur die wichtigsten Punkte kurz zusammengefaßt worden sind und in einem späteren Kapitel noch eine weitere detailreiche Übereinstimmung beschrieben wird.

Diese Übereinstimmung zeigt, daß es möglich sein müßte, die Wirkung der Magie genauso präzise zu beschreiben wie die physikalische Mechanik.

Diese Übereinstimmung zeigt auch, daß beide Weltbilder dieselbe Welt beschreiben – und nebenbei auch, daß die magische Weltbeschreibung offenbar genauso präzise ist wie die Beschreibungen des naturwissenschaftlichen Weltbildes.

4. relevante Größen in der Magie

Nachdem nun die Existenz der Magie nachgewiesen und zudem gezeigt worden ist, daß das physikalische Weltbild und das magische Weltbild dieselbe komplexe Struktur enthalten, können nun die Elemente betrachtet werden, die bei der Ausübung von Magie eine Rolle spielen.

4. a) Konzentration

Das ausfälligste Element in der Magie ist vermutlich das Prinzip der „außergewöhnlich hohen Konzentration", die sich bei fast allen Formen der Magie findet – zumindestens bei den absichtlich herbeigeführten Formen der Magie.

Die systematisch geübte Form der Konzentration ist die Meditation, die vor allem darin besteht, die inneren Vorgänge in der Psyche bewußt zu gestalten und zu lenken. Dies klingt zunächst einmal sehr schlicht, hat aber ein großes Potential.

Zu diesen „Gestaltungen" gehört z.B. die Traumreise, bei der man bewußt innere Bilder zu einem vorher ausgewählten Thema hervorruft. Dadurch kann man Telepathie auf hohem Niveau erreichen und sich weit entfernte Orte ansehen, verlorene Dinge wiederfinden, sich die Psyche eines anderes Menschen von innen her betrachten oder in die Vergangenheit und in die Zukunft reisen.

Ein anderer Aspekt dieser „Gestaltungen" ist z.B die Gedankenstille, durch die man in einen Zustand kommt, in der innerlich nur noch das Bewußtsein, das sich seiner selber bewußt ist, vorhanden ist – ohne jegliche Bewußtseinsinhalte wie Gedanken, Gefühle, Bilder oder Wahrnehmungen. Dieser Zustand ermöglicht u.a. den direkten Kontakt mit der eigenen Seele.

4. b) Imagination

Mit „Imagination" ist in der Magie die möglichst lebhafte, klare und farbige innere Vorstellung eines Bildes gemeint. In der Regel ist dieses Bild das, was man zu erreichen versucht – Gesundheit, Reichtum, eine Beziehung, eine Gottheit usw.

Dieses Bild ist der Punkt, auf den sich die Konzentration ausrichtet.

4. c) Lebenskraft

Das zweite auffällige Element der Magie ist das Konzept der Lebenskraft. Dies ist keine Kraft im physikalischen Sinne, also keine Gravitation, kein Elektromagnetismus und keine Farbkraft. Aber real ist sie trotzdem – oder zumindestens ein nützliches Konzept.

So läßt sich z.B. die Telepathie mit der Übertragung von Lebenskraft oder mit einer Lebenskraft-Verbindung zwischen „Seher" und „Gesehenem" zwar nicht erklären, aber zumindestens gut beschreiben.

Am Anfang dieses Buches ist der Telekinese-Versuch mit dem Papierrädchen beschrieben worden – der „Telekinese-Heimtrainer". Die Gravitation fällt als Ursache für diese Bewegung fort, weil eine Hand im Vergleich zur Erde viel zu wenig Gravitation besitzt, um eine solche Ursache zu bewirken. Auch der Elektromagnetismus läßt sich ausschließen, da die Bewegung des Papierrädchens durch einen Faraday'schen Käfig („Drahtgitter-Käfig") nicht behindert wird. Da die Farbkraft nur innerhalb von Atomkernen wirkt, kann auch sie ausgeschlossen werden. Luftströmungen durch die Wärme der Hand können ebenfalls nicht die Ursache sein, da der Versuch auch mit kalten Händen klappt, aber z.B. mit danebengestellten Teelichtern nicht. Daher läßt sich auch die Telekinese am besten mit der nicht-physikalischen Lebenskraft beschreiben.

Man kann die Lebenskraft auch direkt wahrnehmen. Sie wird in allen Kulturen einheitlich als Nebel, Rauch o.ä. beschrieben, der milchigweiß mit einem leichten Blauschimmer aussieht. Körperlich kann man sie als ein leichtes „elektrisches" Prickeln wahrnehmen.

Das Konzentrations-Bild ist in der Magie das „Gefäß" für die herbeigerufene Lebenskraft.

Es liegt nahe, sich zu fragen, ob die Lebenskraft unter anderem Namen auch in der Physik bekannt ist. Der einzige denkbare Kandidat dafür ist die sogenannte „Dunkle Materie" und die „Dunkle Energie". Über sie ist nur bekannt, daß sie nicht leuchtet und kein Licht absorbiert und einen Großteil der Gravitation im Weltall verursacht.

Den zusammenziehenden Effekt der Gravitation kann man möglicherweise auch bei der Lebenskraft beobachten: Im Bereich der Lebenskraft zieht sich Ähnliches an und erschafft komplexe Gebilde wie z.B. die Symbole in der Psyche.

Diese Hinweise sind jedoch viel zu vage, um aus ihnen auf eine Identität der „Dunklen Energie" mit der Lebenskraft zu schließen.

4. d)   Kontakt

In vielen Formen der Magie ist ein Kontakt nötig wie z.B. das „Handauflegen" beim Heilen mit Lebenskraft wie im Reiki und ähnlichen Methoden. Auch beim Schadenszauber mithilfe eines Woodoo-Püppchens braucht der Zauberer ein Haar o.ä. von der Person, die er verfluchen will.

4. e)   Analogien

Analogien fallen vor allem bei allen Arten von Orakeln von den Tarotkarten über das I Ging bis hin zur Astrologie auf. Doch auch in allen Arten von Zaubern werden Analogien benutzt wie z.B das Ausgießen von Wasser im Regenzauber.

Auf diesen Analogien beruhen auch die Mythen. Eine der wichtigsten Analogien ist das Gleichnis zwischen dem Getreide und dem Menschen:

Getreide	- Mensch
Aussaat	- Zeugung
Keimen	- Geburt
Wachstum	- Leben
Ernte	- Tod
Lagerung	- Aufenthalt im Jenseits
Aussaat	- Wiederzeugung
Keimen	- Wiedergeburt
usw.	

Die zentrale Gestalt dieses Gleichnisses ist der Korn- und Totengott, der sich in unserer Kultur nur noch als „Sensenmann" erhalten hat: Das Skelett symbolisiert den Tod des Menschen und die Sense den Tod des Getreides.

4. f)   Ahnen und Gottheiten

In vielen Ritualen werden entweder die Ahnen oder die Gottheiten um Hilfe angerufen. Sie werden in diesem Zusammenhang zum einen als „wohlgesonnene Geister" und zum anderen als „Lebenskraft-Vorräte" aufgefaßt.

Es wird der Ahn oder die Gottheit um Hilfe gebeten, die thematisch zu dem Ziel des betreffenden Rituals gehört.

Weitere in der Magie angerufene Wesen können auch die eigene Seele, das eigene Krafttier, die eigene Kraftpflanze, der eigene Kraftstein und noch so manches andere sein.

4. g)   Planetenstände

Die Planetenstände prägen den Stil der Ereignisse zu dem jeweiligen Zeitpunkt. Im Gegensatz zu den um Hilfe angerufenen Gottheiten sind die aktuellen Planetenständen unbeeinflußbar wie das Wetter.

Man kann sich zwar astrologisch günstige Zeitpunkte für ein Vorhaben aussuchen, aber ob es gelingt, das geplante Ereignis an dem gewünschten Termin auch stattfinden zu lassen, ist noch eine andere Frage.

Immerhin ist die Vorraussage der Planetenstände und somit die „astrologische Wettervorhersage" vollkommen zuverlässig.

4. h)   Integrität

Schließlich gibt es noch einen Aspekt der Magie, der in der Regel nicht besonders hervorgehoben wird: die Integrität der Psyche des Magiers oder der Zauberin.

Wenn man sich etwas mithilfe eines Rituales herbeiruft, wird dies auch eine Wirkung haben. Wenn der betreffende Wunsch ein entspanntes „Ja" gewesen ist, wird das Herbeigerufene dem Wunsch entsprechen. Wenn der betreffende Wunsch jedoch ein leicht verkrampftes, beschämtes oder sonstwie beeinträchtigtes „Ja, aber …" ist, wird auch das Herbeigerufene sowohl diesem „ja" als auch diesem „aber" entsprechen – eine Wunscherfüllung mit „Pferdefuß". Der Makel an dem Wunsch spiegelt sich exakt in dem Makel der Wunscherfüllung wieder.

Daher ist es in der Magie notwendig, die eigene Motivation zu klären und zu einer widerspruchsfreien Einsgerichtetheit des Willens zu gelangen.

4. i) Vertrauen

Das Vertrauen ermöglicht zum einen den Kontakt zu der eigenen Seele, zu den Ahnen, zu den Gottheiten usw., und zum anderen ermöglichst es, kein „aber" in das „Ja" des Wunsches zu mischen.

Dieses „kein 'aber' in den Wunsch mischen" besteht zu einem großen Teil darin, nach dem Aussprechen des Wunsches bzw. nach dem Ritual das Ganze ruhen zu lassen und loszulassen – ganz einfach, damit man es nicht mit Zweifeln stört.

Wenn man keinerlei Zweifel hat und ganz von Vorfreude erfüllt ist, braucht man nicht loszulassen – die Zweifel sind wie Hagel für die Wunscherfüllung, die Vorfreude ist wie Blumengießen für die Wunscherfüllung.

4. j) Zusammenfassung

Er gibt in der Magie zunächst einmal mindestens neun verschiedene Elemente, die bei der Suche nach der „Magie-Formel" zu berücksichtigen sind:

1. die Konzentration,
2. die Imagination,
3. die Lebenskraft,
4. der Kontakt,
5. die Analogie,
6. die Ahnen und Gottheiten und Seelen und Krafttiere usw.,
7. der Planetenstand,
8. die Integrität und schließlich noch
9. das Vertrauen.

Im den folgenden Kapiteln wird untersucht, wie diese Elemente miteinander und mit der physischen Welt zusammenhängen und wie aus ihnen die magische Wirkung entsteht.

Man kann zunächst einmal neun Formeln aufstellen, die jedoch noch eingehender betrachtet werden müssen.

Der Buchstabe „f" bedeutet in der Mathematik „ist eine Funktion von", also „ist abhängig von". So kann man z.B. die Tatsache, daß man umso mehr Hunger hat, je länger man nichts gegessen hat, als „Hunger = f(Zeit ohne Essen)" schreiben.

Diese neun vorläufigen und noch recht ungenauen Magie-Formeln lauten:

magische Wirkung = f(Konzentration)

magische Wirkung = f(Imagination)

magische Wirkung = f(Lebenskraft)

magische Wirkung = f(Kontakt)

magische Wirkung = f(Analogie)

magische Wirkung = f(Ahnen, Gottheiten, Seele, Krafttier usw.)

magische Wirkung = f(Planetenstand)

magische Wirkung = f(Integrität)

magische Wirkung = f(Vertrauen)

5. Maß und Einheiten dieser Größen

Zunächst einmal sind weder das Maß noch die Einheiten dieser Größen bekannt. Da sich eine Formel jedoch nur herstellen läßt, wenn das Beschriebene in irgendeiner Form gemessen werden kann, kann man zu einem Hilfsmittel greifen, das im Zusammenhang mit Arbeitshypothesen recht hilfreich ist: die prozentuale Schätzung.

Dieses Verfahren eignet sich, wenn eine von den folgenden drei Möglichkeiten gegeben ist:

Wenn man einen „Null-Zustand" und einen „Vollständigkeits-Zustand" hat, kann man den „Vollständigkeits-Zustand" als 100% ansetzen und dann abschätzen, wie groß z.B. die Präzision einer telepathischen Wahrnehmung oder die Wirkung eines magischen Rituals gewesen ist.

Wenn man einen „Null-Zustand" und einen Fixpunkt hat, kann man diesen Fixpunkt als 100% ansetzen. Innerhalb dieser Skala von 0° (garnicht) bis 100% (eine bestimmte Menge/Qualität) kann man dann bezüglich des beobachteten Phänomens eine Schätzung vornehmen.

Wenn man zwei „Fixpunkte" hat, kann man den unteren „Fixpunkt" als 0% ansetzen und den oberen Fixpunkt als 100%. In dieser Form ist z.B. das Thermometer geeicht, bei dem 0° dem Gefrierpunkt des Wassers entspricht und 100° die Kochtemperatur ist.

Es wäre natürlich wünschenswert, präzise (absolute) Maße und Einheiten zu haben und nicht nur die hier beschrieben relativen Maße und Einheiten, aber zum einen ist noch nicht bekannt, ob es in der Magie tatsächlich diese absoluten Einheiten und nicht nur relative Größen gibt, und zum anderen sind diese relativen Größen für die erste Orientierung durchaus nützlich.

Die Telekinese ist das einzige magische Phänomen, bei dem es zu Erscheinungen kommt, die man tatsächlich messen könnte. So kann man aus der Drehgeschwindigkeit des Papierrädchens auf die Geschwindigkeit der fließenden Lebenskraft schließen und aus der Masse und der Drehreibung des Rädchens die Größe der wirkenden Kraft ableiten.

Auch der Umstand, daß Glas die Telekinese in den meisten Fällen behindert, aber es keine deutlich größere Mühe ist, mehrere Papierrädchen gleichzeitig zu drehen, ist ein möglicher Ansatzpunkt.

6. Untersuchung der Größen

Um zu einem Messen der an der Magie beteiligten Größen zu gelangen, ist es zunächst einmal notwendig, diese Größen genauer zu betrachten.

Dabei ist es sehr förderlich, ihre gegenseitige Abhängigkeiten zu ergründen, da diese gegenseitigen Abhängigkeiten das Grundgerüst einer jeden Formel sind. Dieser Vorgang besteht aus mehreren Schritten:

> Man kann z.B. beobachten, daß sich Wasser erhitzt, wenn man es in einem Topf über ein Feuer hängt. Es gibt also einen Zusammenhang, der von dem Feuer zu dem Kochen des Wassers führt.
>
> In einem zweiten Schritt kann z.B. untersuchen, ob doppelt soviel Feuer zu einem doppelt so schnellen Kochen des Wassers führt oder ob sich das Wasser in einem anderen Verhältnis zu der Steigerung des Feuers erhitzt.
>
> Erst in einem dritten Schritt kann man dann nach Methoden suchen, die genaue Hitze des Feuers und die Temperatur des Wassers zu messen – wozu man in diesem Fall erst einmal das Thermometer erfinden muß.

6. a) Konzentration

Wenn man die Konzentration einmal näher betrachtet, finden sich zwei Elemente: Das eine ist der auf ein Ziel hin ausgerichtete Wille und das andere ist die Imagination, also die innere Vorstellungskraft. In der Magie wird der Fluß der Lebenskraft durch den Willen gelenkt, der auf ein passendes inneres Bild ausgerichtet ist. Die Konzentration ist die möglichst wenig schwankende Ausrichtung des Willens und der inneren Aufmerksamkeit auf dieses Bild.

Daraus ergibt sich, daß die Konzentration u.a. von der Motivation abhängig ist. Wenn man z.B. nachts durch einen dunklen Wald geht und plötzlich einen großen Hund auf sich zurennen sieht, wird man voll konzentriert sein und nicht mehr daran denken, ob man für das Wochenende vielleicht noch ein Stück Kuchen einkaufen sollte. Die mögliche Gefahr, die von dem Hund ausgeht, aktiviert den Überlebenstrieb und von diesem geht wiederum die Motivation aus, sich voll auf den Hund und vor allem auf den eigenen Schutz zu konzentrieren. Einen Knüppel ergreifen? Auf einem Baum klettern? Den Hund anschreien?

Man kann also eine erste Formel aufstellen, die mehr als nur einen einzelnen Zusammenhang berücksichtigt:

$$\text{magische Wirkung} = f(\text{Konzentration})$$
$$+$$
$$\text{Konzentration} = f(\text{Motivation})$$
$$\Rightarrow$$
$$\text{magische Wirkung} = f(\text{Motivation})$$

Es stellt sich nun natürlich die Frage, worin diese Motivation begründet liegt. Bei dem „Hund im Wald"-Beispiel liegt diese Motivation in der Angst vor einem möglichen Angriff durch den Hund, also in dem Selbsterhaltungstrieb begründet.

Weitere Wurzeln der Motivationen können z.B. Lust, Schmerz und Ekel sein. Diese drei Motivations-Wurzeln und auch die Angst haben gemeinsam, da sie alle Aspekte des Selbsterhaltungstriebes und daher instinkthaft sind.

Die eben angeführte Formel läßt sich nun um einen Schritt ausbauen:

$$\text{magische Wirkung} = f(\text{Konzentration})$$
$$+$$
$$\text{Konzentration} = f(\text{Motivation})$$
$$\Rightarrow$$
$$\text{magische Wirkung} = f(\text{Motivation})$$

$$\downarrow \qquad \downarrow \qquad \downarrow$$

$$\text{Motivation} = f(\text{Lust, Angst, Schmerz, Ekel})$$
$$\Rightarrow$$
$$\text{magische Wirkung} = f(\text{Lust, Angst, Schmerz, Ekel})$$

Es gibt jedoch auch eine Form der Motivation, die nicht in den Instinkten begründet ist: die Selbstbesinnung. Die Instinkte führen zu einem reflexhaften Handeln, das naturgemäß nur den aktuellen Umraum wahrnimmt und auf ihn reagiert.

Für ein umsichtiges Handeln, daß auch größere Zusammenhänge und längere Entwicklungsbögen mitberücksichtigt, ist jedoch die Selbstbesinnung notwendig. Diese Form der Aufmerksamkeit, der Betrachtung, der Schlußfolgerung und der Entschlüsse führt zu einer inneren Integration und Widerspruchsfreiheit – und somit zu einer Konzentration auf das, was einem mittel- und langfristig von Vorteil ist.

Diese Haltung führt zu dem nächsten Punkt: zur Integrität.

6. b) Integrität

Die Integrität ist die Widerspruchsfreiheit des Willens: Wenn man in sich ein „Ja, aber …" findet, wird das betreffende Thema solange betrachtet und sein Zustand auf andere Weise gefördert, bis sich das „aber" aufgelöst hat und der Wille widerspruchsfrei aus einem freien „Ja" heraus die eigenen Handlungen fließen kann.

Das Streben nach diesem Zustand ist im Wesentlichen die Selbstbesinnung: aufmerksam auf sich selber sein, sich selber fühlen, sich selber betrachten, meditieren … Dies führt letztlich über die Selbsterkenntnis und die Selbstbejahung zu der Eigenständigkeit und der Selbstliebe.

Genaugenommen entsteht die Selbstliebe jedoch nicht erst durch die Selbstbesinnung, sondern sie wird durch die Selbstbesinnung wiedergefunden. Technisch gesagt, kann man die Selbstliebe als den eigenen, innerlich wahrgenommene Selbsterhaltungstrieb ansehen – was allerdings das Erlebnis der Selbstliebe ausgesprochen ungenügend beschreibt.

Von der Psyche aus gesehen, führt die Selbstbesinnung zur Selbstliebe zurück, was man dann wie folgt formulieren könnte:

$$\text{Selbstliebe} = f(\text{Selbstbesinnung})$$

Da die Selbstliebe jedoch die Grundhaltung der Psyche und ihr innerer Zusammenhalt und ihre Quelle ist, ist es sinnvoller, diesen Zusammenhang andersherum zu formulieren: Die Selbstliebe motiviert den Menschen zur Selbstbesinnung, zur Selbsterkenntnis, zur Eigenständigkeit und damit zu einer angenehmeren Gestaltung seines Lebens – wodurch die Selbstliebe das prägende Element im Leben dieses Menschen wird: das „Strahlen" eines Menschen.

Die Selbstbesinnung hilft dem Alltags-Bewußtsein des Menschen, zur Selbstliebe zurückzukehren.

$$\text{Selbstbesinnung} = f(\text{Selbstliebe})$$

In dieser Selbstliebe sind die in dem vorigen Abschnitt genannten Überlebensinstinkte (Lust, Angst, Schmerz, Ekel) als Unterpunkte enthalten.

Die Instinkte als durch die Selbstbesinnung integrierte Aspekte der Psyche lassen sich wie folgt schreiben:

Selbstbesinnung [Instinkte]

Die im vorigen Abschnitt beschriebene Folge von Zusammenhängen läßt sich nun durch die Selbstbesinnung erweitern.

Daraus ergibt sich dann eine längere Folge, die eine magische Handlung bis hin zu ihrer Wirkung durchläuft:

magische Wirkung = f(Konzentration)
  +
Konzentration = f(Motivation)
  +
Motivation = f(Selbstbesinnung[Instinkte])
  +
Selbstbesinnung = f(Selbstliebe)
  =>
magische Wirkung = f(Selbstliebe)

Man kann die Zusammenhänge, die sich aus diesen Betrachtungen ergeben, auch in einer anderen Form schreiben:

Selbstliebe => makellose magische Wirkung
Mangel an Selbstliebe => makelbehaftete magische Wirkung

Die magische Wirkung zeigt sich in diesen Betrachtungen als eine Folge von Verwandlungen oder Konkretisierungen:

Selbstliebe
=> Selbstbesinnung
=> Motivation
=> Konzentration
=> magische Wirkung

Dabei werden die Instinkte, die Aspekte der Selbstliebe sind, durch die Selbstbesinnung in ein Handeln integriert, das in größeren Zusammenhängen und in längeren Zeitbögen denkt und daher letztlich effektiver ist.

6. c) Klarheit

Dieser Punkt ist letztlich nur ein ein Aspekt der Integrität. Wenn man Magie ausübt, ist es wichtig, sich über die eigene Motivation Klarheit zu verschaffen. Dabei ist es sinnvoll, drei Dinge zu berücksichtigen:

1. Ist das, was ich mir wünsche, tatsächlich der eigentliche Wunsch oder steht da noch ein anderer Wunsch dahinter?
Will ich tatsächlich Kuchen oder eigentlich Nähe? Will ich Rache oder eigentlich ruhige, selbstbewußte Stärke? Will ich tatsächlich Reichtum oder eigentlich Glück?

2. Ist der Wunsch, den ich habe, ein freudiges, müheloses „Ja" oder ein zaghaftes und leicht verkrampftes „Ja aber …"?
Bei einem „Ja, aber…" ist es meistens notwendig, etwas tiefer in die eigene Psyche hinabzusteigen, um die gemeinsame Wurzel des Ja-Aspektes und des Nein-Aspektes dieses Wunsches zu finden. Wenn so ein „Ja, aber …"-Wunsch z.B. aus der Sehnsucht nach einer Beziehung und aus der Angst vor einer Beziehung besteht, könnte man dabei z.B. als gemeinsame Wurzel den Wunsch, ein erfülltes Leben zu führen oder auch sich selber in jedem Augenblick vollkommen auszudrücken, finden. Dann sollte man die magische Handlung auf diesen „Wurzel-Wunsch" hin ausrichten.

3. Am unauffälligsten, aber trotzdem sehr wirksam sind die Assoziationen, die im Zusammenhang mit der magischen Handlung oder ihrer Vorbereitung auftreten. Die Ereignisse, Gespräche, Bilder, Gefühle usw., die während der magischen Handlung oder direkt davor auftreten, können sich in das Bild mischen, das die Lebenskraft lenkt und es dadurch so verändern, daß das Ergebnis nicht mehr dem Wunsch entspricht.

Die Notwendigkeit der Klarheit oder vielleicht noch besser gesagt „Reinheit" der magischen Handlung wird vielleicht durch ein paar Beispiel deutlicher.
Mein Zauberlehrer hatte eine große Sympathie für den Gott Pan und hat in ihm vor allem einen erotischen Gott gesehen. Daher haben die Anrufungen des Pan auch in

erster Linie eine erotische Wirkung gehabt. Je nach den Umständen ist diese Wirkung jedoch sehr verschieden ausgefallen. Da er diese Anrufungen sehr oft durchgeführt hat und schon von Natur aus eine starke erotische Ausstrahlung gehabt hat, hat er über lange Zeit jedes Wochenende ein oder zwei neue Freundinnen gehabt.

Auf mich haben diese Anrufungen eine unterschiedliche Wirkung gehabt – je nach den Begleitumständen des Rituals.

In einem Fall haben wir die Pan-Anrufungen über mehrere Wochen hin jeden zweiten oder dritten Tag durchgeführt. Mein Zauberlehrer hat die Anrufungen gesprochen und ich habe dazu Flöte gespielt. In dieser Zeit wollte eine Frau, die vorübergehend in der WG meines Zauberlehrers gewohnt hat, mich unbedingt in ihr Bett bekommen (was ihr schließlich auch gelungen ist). In diesem Fall hat es keine Beimischungen gegeben – außer der, daß die Frau Mühe mit mir hatte, weil ich ihre Bemühungen nicht verstanden habe und garnicht daran gedacht hatte, daß Pan auch etwas für mich bereithalten könnte (und nicht nur für meinen Zauberlehrer).

In einem anderen Fall haben mein Zauberlehrer, einige seiner Kolleginnen und ich eine spiritistische Sitzung durchgeführt. Anschließend haben die anderen noch über Ereignisse in der Nervenklinik, in der sie gemeinsam gearbeitet haben, und auch recht viel über Pan geredet. Auf dem Heimweg hat mich dann eine Frau angesprochen, die mir ziemlich verwirrt vorkam und die mich unbedingt mit zu sich nach Hause nehmen wollte und einer näheren Bekanntschaft durchaus nicht abgeneigt war. Es war ein ziemlich klares „Nein" von mir nötig, um ihr deutlich zu machen, daß ich nichts von ihr will. In diesem Fall kam die Lebenskraft aus der spiritistischen Sitzung und hat sich an die Bilder von der Nervenklinik und von Pan geheftet – daher bin ich anschließend einer verwirrten Frau mit großem erotischem Bedürfnis begegnet.

In einem anderen Fall habe ich recht spontan und völlig formlos Pan gebeten, eine Frau in mein Leben zu schicken, weil ich schon längere Zeit alleine gelebt hatte. Noch am selben Abend rief mich eine Frau aus Holland an und erzählte mir, daß sie meine Webseite gesehen hatte und in der letzten Nacht intensive erotische Träume von mir gehabt hat und daß sie überlegt, ob wir nicht zusammen ein Kind haben sollten … Daraus ist aber nichts geworden, weil mir die Frau schon am Telefon nicht besonders sympathisch war. Es scheint eine beliebte Methode des Pan zu sein, Menschen erotische Träume von dem zu senden, der ein Pan-Ritual durchgeführt hat – auch die Frau in der WG meines Zauberlehrers hat solche intensiven erotischen Träume von mir gehabt. Der Fall der Holländerin war ein „Ja, aber …"-Fall: Ich wollte nicht mehr alleine sein (das „Ja"), aber es gab schon eine Frau, mit der ich gerne mehr zu tun gehabt hätte (das „Nein" in diesem Wunsch).

In einem vierten Fall sind mein Zauberlehrer und ich in den Wald gegangen, um Pan anzurufen. Dabei haben wir ein anderes Vorgehen gewählt als sonst und einen Hammer aus Eibenholz und ähnliche „Natur-Gegenstände" benutzt. Wir sind also bei dieser Gelegenheit ausnahmsweise auch auf den Natur-Aspekt des Pan ausgerichtet gewesen. Daher hat Pan uns den Gefallen getan, als Antwort auf unser Ritual für uns im Wald Flöte zu spielen. Es waren nicht viele Töne, aber mir standen die Haare zu Berge und ich habe nie wieder Musik mit dieser Intensität gehört.

> Reinheit der magischen Wirkung = f(Reinheit des Rituals)

6. d) Lebenskraft

Die Betrachtungen über die beiden ersten Punkte zeigen, daß eine wirklich effektive magische Wirkung im Innersten des Menschen verankert ist. Die Stufen, über die sich die Selbstliebe zur magischen Wirkung entfaltet, läßt sich auch als ein Lenken der Lebenskraft beschreiben: Es fließt sozusagen ein Lebenskraft-Fluß von der Selbstliebe eines Menschen in die Welt, wo er eine magische Wirkung entfaltet.

Wenn die Genauigkeit einer telepathischen Wahrnehmung oder die Effektivität einer telekinetischen Handlung als Bewegungen der Lebenskraft beschrieben werden können, ergibt sich daraus, daß die Motivation und daher letztlich die Selbstliebe die Bewegungen der Lebenskraft lenkt.

Wenn man das Bild der Lebenskraft benutzt, kann man also den folgenden Zusammenhang formulieren:

> Bewegung der Lebenskraft = f(Konzentration)

Da die Konzentration von der Motivation und diese wiederum über die Selbstbesinnung von der Selbstliebe abhängt, lautet diese Formel in einer etwas vollständigeren und umfassenderen Darstellungsweise:

> Bewegung der Lebenskraft = f(Selbstliebe)

Somit ergibt sich aus den bisherigen Betrachtungen, daß die durch Selbstbesinnung erlangte Selbstliebe ein sehr wesentliches Element bei der Durchführung von effektiver Magie ist.

Die Bedeutung der Lebenskraft in der Magie läßt sich durch eine einfache Gleichung darstellen:

Fluß der Lebenskraft = magische Wirkung

6. e) Imagination

Durch die Imagination wird ein inneres Bild erschaffen, das der Brennpunkt für die Konzentration ist. Die Kombination aus Konzentration/Wille und Imagination führt dazu, daß die Lebenskraft in die Richtung des Bildes fließt und dieses Bild in der Welt Wirklichkeit werden läßt.
Daher läßt sich der folgende Satz formulieren:

Fluß der Lebenskraft = f(Konzentration, Imagination)

6. f) Analogien

Die Analogien sind ein wesentliches Element beim Aufbau einer Meditation oder eines Rituals und so gut wie jeder anderen magischen Handlung. Diese Analogie (z.B. Wassergießen beim Regenzauber) stellt die Verbindung zwischen dem Magier und seinem Ziel her.
Diese Analogie kann auf viele Weisen verwendet werden: durch eine symbolische Handlung, durch das Anrufen der „zuständigen" Gottheit, durch das Tragen passender Kleidung, durch die Meditation über das entsprechende Mandala, durch ein Amulett mit dem Symbol des „zuständigen" Planeten usw.
Je präziser die Analogie hergestellt wird, desto besser funktioniert die Magie. Fehler in der Analogie führen zu den entsprechenden Fehlern in dem Ergebnis. Wenn man z.B. Kraft herbeirufen will und dafür einen Schlangenring benutzt, wird dies gut funktionieren, da die Schlange (Kundalini) ein Symbol für die Kraft ist, das bereits um 10.000 v.Chr. in den früh-jungsteinzeitlichen Tempeln von Göbekli Tepe benutzt worden ist. Wenn man in diesem Fall jedoch einen geschlossenen Ring, also eine Schlange, die sich in ihren Schwanz beißt, benutzt, stellt man eine in sich geschlossene,

abgeriegelte und gefangene Kraft dar – was daher nicht zu dem erwünschten Ergebnis der Stärkung führt.

$$\text{magische Wirkung} = f(\text{Analogie-Genauigkeit})$$

Die wichtigste Analogie entsteht aus der Selbstliebe heraus: Wenn man in seiner eigenen Selbstliebe strahlt, ruft diese Selbstliebe in der Welt ein Spiegelbild dieser Selbstliebe hervor, das aus den Dingen besteht, die zu dem wahren Wesen des betreffenden Menschen passen.

Selbstliebe ist die umfassendste Form der Magie.

Wie erlangt man nun genaue Analogien im Ritual? Im Grunde dadurch, daß man sich als Teil der Welt erlebt und erkennt, wer man ist, welchen Charakter und welchen Stil man hat und wo man daher in der Welt steht und was man dort tun will. Selbsterkenntnis und Selbstliebe führen dazu, daß man auch im Einklang mit der Welt steht – dann spiegelt sich die Selbstliebe in der Welt.

Die einzelnen Analogien, die man in der Magie benutzt, sind zunächst einmal eher magie-technische Aspekte einer magischen Handlung oder eines Rituals. In einem solchen technischen Ritual fertigt man z.B. einen viereckigen, blauen Talisman aus Zinn mit dem Jupiter-Zeichen für das Erlangen von Reichtum an. Dies ist ein Handeln aus einem einzelnen Bedürfnis heraus – hier aus der Motivation des Leidens an der eigenen Armut.

Wenn man jedoch in der Selbstliebe ruht, nimmt man den eigenen Charakter, das eigene Wesen, die eigene Wahrheit als das, wozu man eine Analogie in der Welt sucht. Das Bild von dem, was man ist, wird zu dem Bild der Magie; die Intensität der Selbstliebe wird zu der Konzentration auf dieses Selbstbild; und beides zusammen ruft als magische Wirkung den Einklang zwischen dem eigenen „wahren Wesen" und der Welt hervor.

Solange man Magie benutzt, um einen einzelnen Aspekt des eigenen Lebens zu verändern, braucht man handwerkliche Sorgfalt im Entwerfen und Durchführen der magischen Handlung.

Wenn man Magie jedoch benutzt, um das eigene Leben als ganzes zu verändern, braucht man nur die Selbstliebe und das Ruhen in ihr. Dann ergibt sich die magische Wirkung als Spiegelbild der eigenen Selbstliebe in der Welt.

Somit kann man sagen, daß sich die Analogie-Genauigkeit am einfachsten aus der Selbstliebe ergibt.

$$\text{magische Wirkung} = f(\text{Analogie-Genauigkeit})$$
$$+$$
$$\text{Analogie-Genauigkeit} = f(\text{Selbstliebe})$$
$$\Rightarrow$$
$$\text{magische Wirkung} = f(\text{Selbstliebe})$$

6. g) Kontakt

Die Benutzung des Blutes, des Haares und des Spermas oder des Namens, des Bildes, des Fingerabdrucks und des Fußabdrucks sowie anderer ähnlicher „persönlicher Dinge" dient wie die Analogie der Herstellung eines Kontakts zu der Person, auf die eingewirkt werden soll.

In der Regel benutzt der Magier dabei einen Teil der Substanz dessen, auf den er einwirken will, aber bei einigen Formen des Liebeszaubers wird auch ein Teil der eigenen Substanz (meistens Sperma oder Menstruationsblut) z.B. in das Essen der Person gemischt, von dem der Zauberer oder die Zauberer will, daß sie sich in den Zauberer bzw. Zauberin verliebt. Durch diese Magie kann natürlich keine Liebe erschaffen werden, aber immerhin eine Form der Abhängigkeit – was der Person, die diesen Zauber ausübt, in den meisten Fällen auch reicht.

Bei diesen Kontakt-Substanzen sind innere Körpersubstanzen (Blut, Sperma u.ä.) am wirksamsten, dann folgen äußere Körpersubstanzen (Haar- Fingernägel u.ä.), dann ein Photo, dann der Name und schließlich Dinge wie Fingerabdrücke oder Gegenstände aus dem Besitz der betreffenden Person.

Sowohl die Analogien als auch der Kontakt durch eine physische Substanz, durch ein Bild oder den Namen dienen der Herstellung einer Verbindung, durch die das, was der Magier in dem Ritual tut, auch bei der betreffenden Person geschieht.

Von der Genauigkeit der dabei verwendeten Analogie bzw. von der Individualität der Kontakt-Substanz hängt die Bindungsstärke des magischen Kontaktes ab.

Diese „magische Verbindung" ist ein wesentliches Element in der Magic. Ohne eine solche Verbindung hat die Lebenskraft keine Richtung, in die sie fließen kann – und dann hat das Ritual auch keine magische Wirkung (zumindestens keine, die erwünscht ist).

$$\text{magische Wirkung} = f(\text{Kontakt-Intensität})$$

Man kann diese und die vorige Formel zusammenfassen und allgemeiner formulieren:

---

magische Wirkung = f(Analogie-Genauigkeit)

\+

magische Wirkung = f(Kontakt-Intensität)

=

magische Wirkung = f(Bindung-Intensität)

Die Kontakt-Intensität ist zunächst einmal ein technisches Problem: Wie kommt man an einen Tropfen Blut oder ein Haar der betreffenden Person oder an einen Teil des Gegenstandes, den man beeinflussen will?

Bei genauerer Betrachtung ist dies in den meisten Fällen jedoch nur dann ein Problem, wenn man gegen den Willen eines anderen handeln, also jemanden verfluchen oder sonstwie schaden will.

Es gibt natürlich auch den entgegengesetzten Fall, daß man z.B. durch den Kontakt mit der Reliquie eines Heiligen oder durch den Segen des Dalai Lama eine magische Wirkung im eigenen Leben hervorrufen will – aus dies ist eine Form der „Kontakt-Magie".

Wenn man sich anstrengen muß, um an diese Kontakte bzw. Kontakt-Substanzen zu gelangen, ist das ein sicheres Zeichen dafür, daß man sich gerade mit einen „Ja,aber"-Wunsch beschäftigt. Der Wunsch stammt aus dem „Ja" und die Schwierigkeiten aus dem „aber".

Es wäre also auch hier ratsam, eine Pause der Selbstbesinnung einzulegen und zur Selbstliebe zurückzukehren.

Es läßt sich hier derselbe Zusammenhang wie bei der „Analogie-Magie" feststellen:

---

magische Wirkung = f(Kontakt-Intensität)

\+

Kontakt-Intensität = f(Selbstliebe)

=>

magische Wirkung = f(Selbstliebe)

---

6. h)   Ahnen und Gottheiten

Darüber, was eigentlich eine Gottheit ist, lassen sich mühelos mehrere Bücher schreiben. Und ebenso darüber, was ein Ahn, ein Engel, ein Krafttier usw. ist.

Im Zusammenhang mit der Suche nach der „Magie-Formel" ist es jedoch vor allem wichtig, daß Gottheiten eine genaue Qualität, aber eine grenzenlose Quantität haben. Ahnen, Engel, Krafttiere u.ä. haben eine weniger präzise Qualität und eine weniger große Quantität.

Für die Magie bedeutet das, daß man, wenn man sich mit einer Gottheit verbunden hat, Kontakt zu einem „Meer an Lebenskraft" mit einer konkreten, präzisen Qualität hat, die dem eigenen Ritual Kraft verleiht.

Diesen Kontakt erlangt man durch Gebete und Anrufungen, durch die Konzentration auf die Statue der betreffenden Gottheit, durch die Imagination der Gestalt dieser Gottheit, durch die vorübergehende Identifizierung mit dieser Gottheit und ähnliche Methoden, die in der Magie und in der Mystik „Invokation" genannt werden.

Der Kontakt zu Ahnen, Engeln, Krafttieren u.ä. erfüllt im Ritual dieselbe Funktion, aber da deren Qualität vielfältiger ist, erfordert dies eine größere Genauigkeit im Handeln. Es gibt aber auch Ausnahmen von dieser Regel wie z.B. Anrufungen des eigenen Krafttieres, mit dem ja naturgemäß sowohl verwandt als auch (wenn man es kennt) vertraut ist.

Die Formel, die die Bedeutung der Gottheiten in der Magie beschreibt, ist recht einfach:

$$\text{magische Wirkung} = f(\text{Fluß der Lebenskraft})$$
$$+$$
$$\text{Fluß der Lebenskraft} = f(\text{Kontakt zu einer Gottheit})$$
$$\Rightarrow$$
$$\text{magische Wirkung} = f(\text{Kontakt zu einer Gottheit})$$

6. i)   Vertrauen

Das Vertrauen gibt die Möglichkeit, Kontakt zu den Gottheiten aufzunehmen und kein zweifelndes „aber" in die Wünsche zu mischen.

Das Vertrauen ist zudem eine Qualität, die es ermöglicht, in Selbstliebe zu ruhen und die eigene Integrität zu wahren bzw. wiederherzustellen. Diese Qualität ist somit etwas, was die Magie effektiv werden läßt, indem sie es dem Magier bzw. der

Zauberin ermöglicht, gelassen bei dem zu bleiben, was sie als für sich richtig erlebt, und auch bei dem, wie sie es tun will. Vertrauen ermöglicht Selbsttreue und dadurch eine effektive Magie.

$$\text{Kontakt zu Gottheiten} = f(\text{Vertrauen})$$
$$+$$
$$\text{Selbsttreue} = f(\text{Vertrauen})$$
$$\Rightarrow$$
$$\text{magische Wirkung} = f(\text{Vertrauen})$$

6. j) Planetenstand

Der Planetenstand, also das Horoskop des Augenblicks, in dem die magische Handlung durchgeführt wird, hat einen ähnlichen Einfluß auf die Wirkung dieser Handlung wie der Kontakt zu den Gottheiten. Der wesentliche Unterschied besteht darin, daß man frei auswählen kann, zu welcher Gottheit man Kontakt aufnehmen will, daß der Planetenstand jedoch vorgegeben ist und man ihn nur in begrenztem Maße durch die Wahl des Zeitpunktes für die magische Handlung beeinflussen kann.

In der Regel beschränkt sich diese Wahl auf die Berücksichtigung der Mondphasen. Viele Rituale werden an Vollmond durchgeführt, da die Lebenskraft, die astrologisch zum Mond gehört, durch die Opposition des Mondes zur Sonne in einer gewissen Spannung steht und sich daher leichter und kraftvoller bewegt, was man sich in einem Ritual zunutzemachen kann.

(Beim Vollmond stehen sich die Sonne und der Mond von der Erde aus gesehen genau gegenüber, was in der Astrologie als Oppositions-Aspekt bezeichnet wird.)

Der Planetenstand beschreibt die astrologische Großwetterlage, also die augenblickliche Befindlichkeit der Lebenskraft, ihre derzeitige Struktur und Dynamik.

Man kann daher für den Planetenstand dieselben Formeln wie für die Gottheiten aufstellen. Dabei ist zwar die Wirkung der Planeten genauso präzise wie die der Gottheiten, aber da die Auswahl des Planetenstandes sehr eingeschränkt ist, hat die Astrologie in der Magie eine deutlich geringere praktische Bedeutung als die Wahl der Gottheit, die man in einem Ritual um Hilfe bittet.

6. k) Einflüsse auf die magische Wirkung

Diese Betrachtungen lassen sich nun zu einer Übersicht über die wichtigsten Komponenten einer magischen Handlung zusammenfassen, die vier Gruppen bilden: 1. die Konzentration, 2. die Reinheit, 3. die Bindung und 4. die Lebenskraft.

---

1. Konzentration

magische Wirkung = f(Konzentration)
    Konzentration = f(Motivation)
        Motivation = f(Lust, Angst, Schmerz, Ekel)
        Motivation = f(Selbstliebe)
        [Selbstbesinnung integriert die Instinkte in die Selbstliebe]

Selbstliebe => Selbstbesinnung => Motivation => Konzentration => magische Wirkung

---

2. Reinheit

Reinheit der magischen Wirkung = f(Reinheit des Rituals)
makellose magische Wirkung = f(Selbstliebe)
    Reinheit der Motivation = f(Selbstliebe)
        Selbstliebe = f(Selbstbesinnung)

Selbstliebe => Reinheit der Motivation => makellose magische Wirkung

---

3. Bindung

magische Wirkung = f(Bindung-Intensität)
    Bindung-Intensität = f(Analogie-Genauigkeit)
        Analogie-Genauigkeit = f(Selbstliebe)
    Bindung-Intensität = f(Kontakt-Intensität)
        Analogie-Genauigkeit = f(Kontakt-Intensität)

Selbstliebe => Analogie-Genauigkeit / Kontakt-Intensität => magische Wirkung

4. Lebenskraft

Fluß der Lebenskraft = magische Wirkung
      Fluß der Lebenskraft = f(Konzentration)
      Fluß der Lebenskraft = f(Imagination)
      Fluß der Lebenskraft = f(Selbstliebe)
      Fluß der Lebenskraft = f(Kontakt zu einer Gottheit)
      Fluß der Lebenskraft = f(Planetenstand)

Diese vier Einfluß-Gruppen lassen sich noch einmal zusammenfassen:

Konzentration

Die **Konzentration** ist das Element, daß im Wesentlichen die Größe der magischen Wirkung bestimmt – je höher die Konzentration, desto größer die Wirkung. Allerdings kann die Größe der Wirkung durch mehrere andere Dinge in hohem Maße beeinflußt werden. So führt das Einbeziehen einer Gottheit oft zu einer deutlich größeren Wirkung des Rituals, während eine unklare **Motivation** die Richtung der Wirkung ablenkt und zu unerwünschten Ergebnissen führt. Daher ist die Verankerung eines Rituals in der eigenen **Selbstliebe** ein guter Schutz gegen unerwünschte Nebeneffekte und Verzerrungen der Wirkung. Die **Reinheit** ist somit eine sinnvolle Vorbereitung einer magischen Handlung (Ritual).

Bindung

Die **Bindung** bestimmt die Richtung, in der sich die Wirkung des Rituals bewegt. Daher sollten die **Analogien** möglichst genau und der **Kontakt** mti dem Ziel möglichst intensiv sein – sonst wird die Wirkung entweder aufgrund der Ungenauigkeit wie ein vager Flächenbeschuß oder aufgrund des schwachen Kontaktes wie das Füllen von Wasser in ein Sieb. Auch hier wird wieder die **Reinheit** gebraucht, um eine möglichst klare Ausrichtung aufgrund einer intensiven Bindung zu erhalten.

Lebenskraft

Die magische Wirkung kann als eine Bewegung der **Lebenskraft** beschrieben werden. Diese Bewegung ist das Ergebnis der **Konzentration** und der **Bindung**. Die magische Handlung ist am erfolgreichsten, wenn sowohl die Konzentration als auch die Bindung eine ausreichende **Reinheit** haben. Diese Reinheit wird wiederum durch die **Selbstliebe** als Fundament der Motivation erlangt.

Aus dieser Betrachtung ergibt sich, daß die Konzentration und die Bindung die beiden Elemente sind, die die Größe der magischen Wirkung bestimmen. Die Wurzel für die Größe der Konzentration und die Intensität der Bindung ist wiederum die Selbstliebe. Die Wirkung der Konzentration und der Bindung ist der Fluß der Lebenskraft, die der magischen Wirkung entspricht.

Die Grunddynamik der Magie läßt sich nun, wenn man die Details und Unterpunkte einmal fortläßt, in einer recht einfachen Graphik darstellen:

die Quelle der magischen Wirkung
magische Wirkung = Fluß der Lebenskraft Fluß der Lebenskraft = f(Konzentration/Bindung) Konzentration/Bindung = f(Selbstliebe)
Selbstliebe => Konzentration / Bindung => Lebenskraftfluß (magische Wirkung)

7. Die Verknüpfung der Einheiten

Nachdem nun die Konzentration und die Bindung als die wesentlichen Elemente in der Magie deutlich geworden sind, stellt sich die Frage, in welchem Bezug sie zueinander stehen.

Wenn man an mathematische Formeln denkt, sind viel Möglichkeiten denkbar: eine Addition, eine Multiplikation, eine Subtraktion, eine Division, die Bildung von Quadraten usw.

Zudem wäre es wünschenswert, wenn neben der Konzentration und der Bindung auch die Lebenskraft und die Selbstliebe in dieser Formel auftreten würden.

Schließlich wäre es natürlich auch sehr erfreulich, wenn sich aus dieser Formel auch noch ein praktischer Nutzen ableiten ließe …

Doch zunächst einmal stellt sich die Frage, in welcher Weise die Konzentration und die Bindung miteinander verknüpft sind.

Addition

Wenn beide Größen in gleicher Weise zu der magischen Wirkung beitragen würden, müßte es sich um eine Addition handeln. Dann wäre es egal, wovon wieviel in der magischen Handlung enthalten ist – dann würde nur die Summe entscheiden. Dem widerspricht jedoch die Erfahrung: Wenn die Konzentration vollkommen fahrig ist, tritt keine Wirkung ein, egal wie genau die Analogien sind und wie intensiv der Kontakt ist; und wenn die Konzentration sehr hoch ist, aber die Bindung sehr wackelig, ergibt sich auch kaum eine Wirkung.

Eine Addition dieser beiden Größen ergäbe auch nur einen Sinn, wenn man letztlich nicht die Konzentration und die Bindung addiert, sondern die Menge an Lebenskraft, die durch die Konzentration und durch die Bindung in Bewegung gesetzt wird, denn „man kann nicht Äpfel und Birnen addieren". Die Auffassung, daß die Konzentration und die Bindung getrennt voneinander einen Teil der Lebenskraft in einer magischen Handlung bewegen, ist jedoch unsinnig, da die Konzentration und die Bindung sich gegenseitig brauchen, um die Lebenskraft zu bewegen.

Die Addition kann also ausgeschlossen werden.

Subtraktion

Dasselbe wie für die Addition gilt für die Subtraktion, da man auch „nicht Äpfel von Birnen subtrahieren kann" und zudem die Konzentration und die Bindung die

Wirkung des jeweils anderen vergrößern – und nicht verkleinern, wie dies bei der Subtraktion der Fall wäre.

Division

Aus dem schon genannten Grund (gegenseitige Förderung) fällt auch die Division als Verknüpfung fort.

Multiplikation

Die Feststellung, daß sowohl die Konzentration als auch die Bindung eine gewisse Qualität haben müssen, damit eine magische Wirkung entsteht, spricht für eine Multiplikation der beiden Größen.

Für eine Multiplikation spricht auch, daß dies die übliche Verbindung von zwei unterschiedlichen Größen ist. So ergibt sich z.B. aus der Multiplikation einer Masse mit ihrer Beschleunigung eine Kraft oder aus der Multiplikation einer Masse mit ihrer Geschwindigkeit ihr Impuls.

Zu der Multiplikation paßt auch, daß es keine magische Wirkung gibt, wenn es zwar eine hohe Konzentration (z.B. 10), aber keine Bindung (0) gibt: „$10 \cdot 0 = 0$". Es gibt ebenso keine magische Wirkung, wenn die Bindung groß (z.B. 10) ist, aber die Konzentration fehlt (0): „$10 \cdot 0 = 0$". Wenn entweder die Konzentration oder die Bindung fehlen, gibt es keine magische Wirkung.

Quadrate und Wurzeln

Da Wurzeln einen Betrag verringern, aber die Konzentration und die Bindung sich gegenseitig fördern, kann man Wurzeln in der Magie-Formel ebenfalls ausschließen.

Quadrate treten in physikalischen Formeln auf, wenn es um Kräfte und daher auch um Veränderungen geht. So kann z.B. eine Kraft als Beschleunigung einer Masse erscheinen: „Masse·Beschleunigung". Da eine Beschleunigung die Struktur „s/t^2" hat, ergibt sich für die Kraft die Einheit „$m \cdot s/t^2$" (m = Masse; s = Weg; t = Zeit).

In Energien treten gleich zwei Quadrate auf. Eine potentielle Energie entsteht z.B. wenn man mithilfe einer Kraft eine Masse auf eine bestimmte Höhe emporhebt. Als Struktur ergibt sich daher „Kraft·Weg" oder „$m \cdot s^2/t^2$".

Eine einfache Multiplikation verbindet hingegen zusammengehörige Größen wie z.B. die Breite und Länge eines Rechtecks: „Länge·Breite = Fläche" oder „$s_1 \cdot s_2 = F$".

Worum handelt es sich bei der Konzentration und der Bindung? Ihr Produkt ergibt die magische Wirkung, die man auch als Fluß der Lebenskraft beschreiben kann. Von der Größe der Konzentration und der Genauigkeit der Bindung hängt der „Schwung" der Lebenskraft ab. Der Schwung einer Sache ist physikalisch ausgedrückt ihr Impuls, der sich aus „Masse·Geschwingigkeit" oder „$p = m \cdot v$" ergibt (p = Impuls; m = Masse; v = Geschwindigkeit).

Man sollte also davon ausgehen können, daß die Konzentration mit der Bindung multipliziert werden muß und daß dabei keine der beiden Größen im Quadrat vorkommt. Solche Quadrate sollten erst bei der Formulierung von magischer Kraft oder von magischer Energie auftreten.

Somit kann man die Magie-Formel nun mathematisch darstellen:

$$\text{Konzentration} \cdot \text{Bindung} = \text{Impuls der Lebenskraft}$$

Wenn man diese Formel mit der Impuls-Formel vergleicht, dann ist deutlich, daß die Konzentration der Geschwindigkeit entspricht, da die Konzentration eine aktive Tätigkeit ist. Die Bindung ist hingegen eher wie die Masse: Sie ist die Struktur, in der etwas bewegt wird bzw. die bewegt wird.

Diese beiden Analogie sind zwar nicht wirklich präzise, aber sie sind doch ähnlich genug, um eine Verwandtschaft erkennen zu können.

Die Multiplikation der Konzentration mit der Bindung, aus der sich die Größe der Bewegung der Lebenskraft ergibt, läßt sich auch graphisch darstellen:

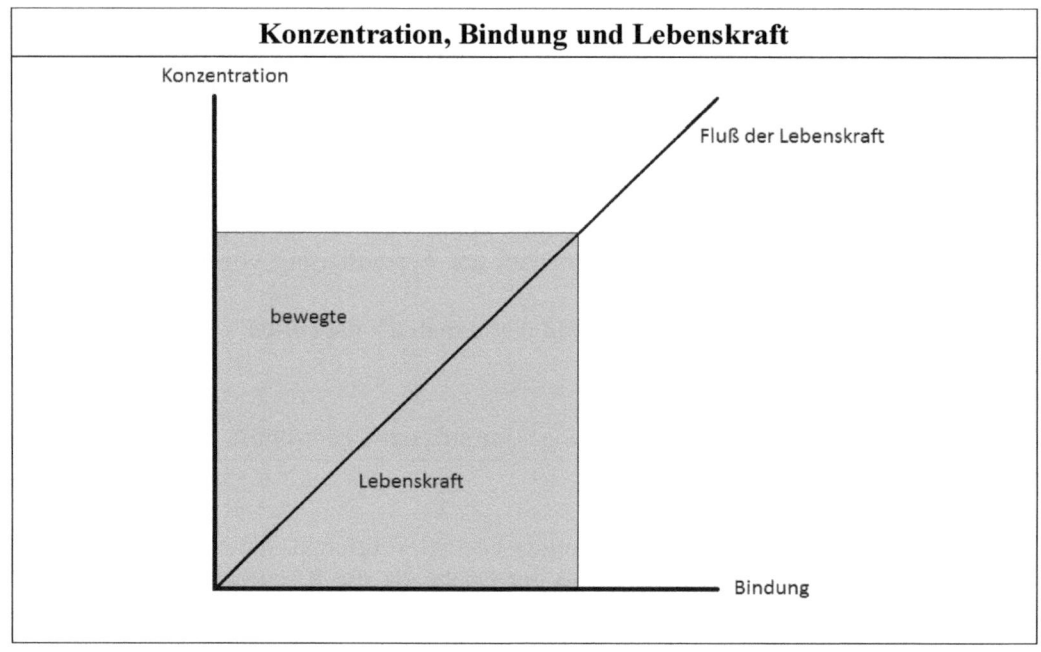

Konzentration, Bindung und Lebenskraft

Konzentration

Fluß der Lebenskraft

bewegte

Lebenskraft

Bindung

<u>Optimum</u>

Der bei einer Multiplikation für die Größe des Ergebnisses ungünstigste Fall ist es, wenn einer der beiden Faktoren den Wert „0" hat, da dann auch das Ergebnis „0" ist.

Das Ergebnis wird umso höher, je mehr sich die beiden Faktoren in ihrer Größe aneinander angleichen. Wenn man z.B. 10 Einheiten zu vergeben hat und sie je zur Hälfte auf die beiden Faktoren verteilt, erhält man das Maximum: „$5\cdot5=25$".

Man kann allgemein sagen, daß das mittlere Drittel der möglichen Verteilung der 10 Einheiten auf die beiden Faktoren zu einem guten Ergebnis führt, also von „$3\cdot7=21$" über „$4\cdot6=24$", „$5\cdot5=25$" und „$6\cdot4=24$" bis zu $7\cdot3=21$". Alle Multiplikationen, die außerhalb des Mittleren Drittels liegen wie z.B. „$2\cdot8=16$" oder „$1\cdot9=9$" führen zu schlechten Ergebnissen.

Es ist in der Magie also erstrebenswert, bei der Konzentration und bei der Bindung eine ungefähr gleich gute Qualität anzustreben, denn dann erhält man optimale Ergebnisse. Abweichungen bis 25% von dem angestrebten gleichen Wert sind noch in Ordnung, aber größere Unterschiede in der Qualität von Konzentration und Bindung führen zu schlechten Ergebnissen.

Diese Verteilungskurve, die sich aus der Multiplikation der beiden Größen ergibt, stimmt mit den Erfahrungen in der Magie überein.

Optimum-Kurve

0·10 = 0	1·9 = 9	2·8 = 16	3·7 = 21	4·6 = 24	5·5 = 25	6·4 = 24	7·3 = 21	8·2 = 16	9·1 = 9	10·0 = 0

das Optimum

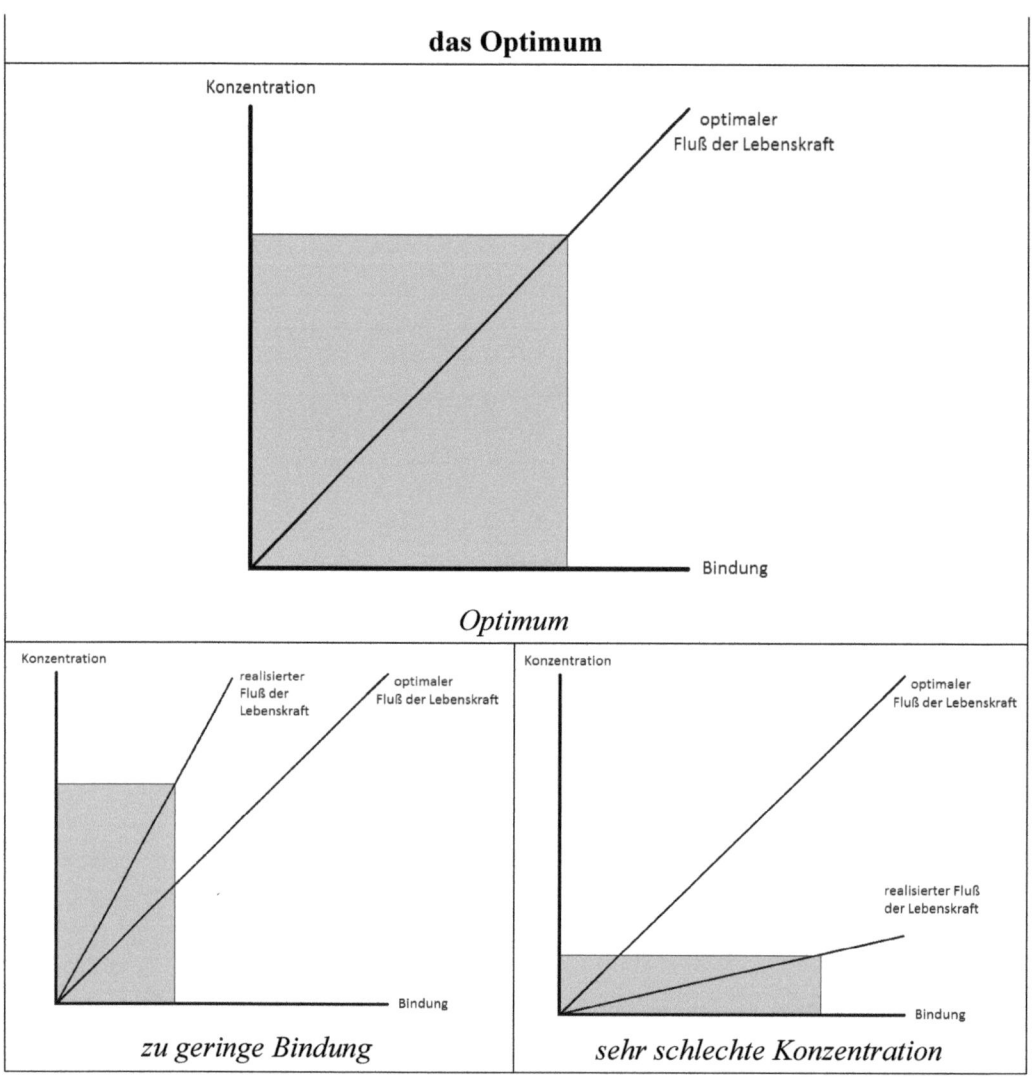

52

8. Die Lebenskraft

Aus eher mathematischen Überlegungen heraus ist im vorigen Kapitel die Formel „Konzentration · Bindung = Lebenskraft-Fluß" formuliert worden. Es stellt sich die Frage, ob sich aus dieser Formel etwas Genaueres über das Verhältnis zwischen diesen drei Größen herleiten läßt, was mit den Erfahrungen in der Magie übereinstimmt und diese Erfahrungen im Idealfall noch klarer macht als sie derzeit sind.

8. a) Die Bindung

Das klarste Element in dieser Formel ist die Bindung. Sie ist die Verknüpfung zweier Dinge durch eine Analogie oder durch einen Kontakt. Sie stellt daher den Analogie-Aspekt innerhalb des kausal-analogen Weltbildes dar.

Dabei ist der Kontakt zunächst einmal eine Variante der Analogie, da ein Haar einer Person das, worin sich dieses Haar befindet („Woodoo-Püppchen") mit dem betreffenden Menschen in Analogie setzt. Man kann den Kontakt daher als einen Sonderfall der Analogie ansehen.

8. b) Die Konzentration

Das Wesen der Konzentration ist nicht so einfach einzuschätzen wie die Bindung. Sie ist zunächst einmal eine Haltung des Bewußtseins. Dann ist sie auch auf etwas ausgerichtet – in der Regel auf ein Ziel, das durch ein Bild dargestellt wird („Imagination"). Diese Konzentration ist daher kein Element, das nur zu dem magischen Teil des kausal-analogen Weltbildes gehört. Auch bei ganz normalen Alltagstätigkeiten ist Konzentration ausgesprochen förderlich – selbst bei solch ganz nichtmagischen Tätigkeiten wie dem Reparieren eines Fahrrads.

Während die Bindungs-Achse in dem Diagramm eindeutig zum magischen Weltbild gehört, ist die Konzentrations-Achse in dem Diagramm auch ein Teil des kausalen Weltbildes. Die Konzentration und somit auch das Bewußtsein als der Bereich, in dem die Konzentration als Tätigkeit stattfindet, gehört sowohl zu dem magischen als auch zu dem kausalen Weltbild. Die Konzentration hat offenbar eine Mittlerstellung zwischen den beiden Weltbildern.

Diese Mittlerstellung zeigt sich auch darin, daß sich die Konzentration einerseits die Mitte einer Struktur ist wie z.B. das (symbolische) Bild eines Zieles, und andererseits auf die Zukunft, eben das Erreichen dieses Zieles, ausgerichtet ist. Die Mitte ist ein struktureller Aspekt der Konzentration im Hier und Jetzt, während das Streben nach dem Ziel ein kausaler Aspekt der Konzentration ist. Die Struktur (von Analogien) im Hier und Jetzt ist ein Merkmal des magischen Weltbildes und die zeitliche Ausrichtung auf ein Ziel ist ein Merkmal des kausalen Weltbildes.

Die Mitte ist ein wesentliches Element des magischen Weltbildes und das Ziel ist ein wesentliches Element des kausalen Weltbildes.

Man könnte daher das Magie-Diagramm um eine „Kausal-Achse" ergänzen, die man auch „Taten" nennen könnte. Dabei ist es natürlich vorerst keineswegs sicher, ob dieses Diagramm tatsächlich zutreffend die Welt beschreibt, aber es ist zumindestens eine Arbeitshypothese, mit der man experimentieren und die man überprüfen und anschließend gegebenenfalls verändern und weiterentwickeln kann.

Es gibt zunächst zwei Möglichkeiten, diese „Kausal-Achse" in das Magie-Diagramm einzufügen.

Zum einen könnte sie die nach links hin verlängerte Bindungsachse sein. Das würde in mathematischer Hinsicht jedoch bedeuten, daß die Kausalität die negative Form der Bindung ist, was so ja nicht zutrifft, da dies bedeuten würde, wenn man gleichzeitig mit „normalen Methoden" und mit Magie z.B. nach einem neuen Job sucht, sich diese beiden Bemühungen gegenseitig neutralisieren. Das widerspricht jedoch völlig der Erfahrung mit der Wirkung der Magie.

Zum anderen könnte man die „Achse der kausalen Taten" senkrecht zu den beiden anderen Achsen in das Diagramm einfügen. Das hätte einen interessanten Effekt: die Wirkung der eigenen Handlungen wäre dann nicht mehr eine Fläche zwischen der Konzentrations-Achse und der Bindungs-Achse, sondern ein Raum zwischen der Konzentrations-Achse, der Bindungs-Achse und der Kausal-Achse.

Dies entspricht einer Beobachtung in der Magie: Es ist für den Erfolg einer magischen Handlung sehr förderlich, wenn man auch gleichzeitig etwas auf „normale Weise" tut, um sein Ziel zu erreichen. Wenn man einen neuen Job sucht und dafür einen Zauber durchführt, wird dieser Zauber deutlich effektiver, wenn man sich auch bei einer Stelle bewirbt – durch diese Bewerbung wird die magische Handlung geerdet (auch wenn man die Stelle nicht annimmt oder abgelehnt wird).

Wenn die magische Wirkung tatsächlich keine Fläche ist (Konzentration · Bindung), sondern ein Raum (Konzentration · Bindung · Taten), der sich aus der Multiplikation dieser drei Faktoren ergibt, dann würde die Wirkung zu „0" werden, wenn die Erdung durch kausale Taten fehlen würde.

Falls dieses Modell in dieser Weise zutreffen sollte, wäre die Wirkung einer Handlung dann am größten, wenn die Konzentration, die Bindung und die (kausalen) Taten gleich groß sind.

Wenn einer der drei Faktoren zu „0" wird, müßte auch die Wirkung einer Handlung zu „0" werden. Wenn die Konzentration fehlt, kommt garnichts in Gang. Wenn die Erdung durch eine kausale Tat fehlt, geschieht ebenfalls nichts. Und wenn man zwar konzentriert kausal handelt, aber sich nicht in die richtigen Zusammenhänge gestellt hat und das Wesen der Welt mitbetrachtet, wird man ebenfalls keine Früchte ernten können.

Das Magie-Diagramm, das diese drei Aspekte einer Handlung darstellt, hat drei Achsen und sieht wie folgt aus:

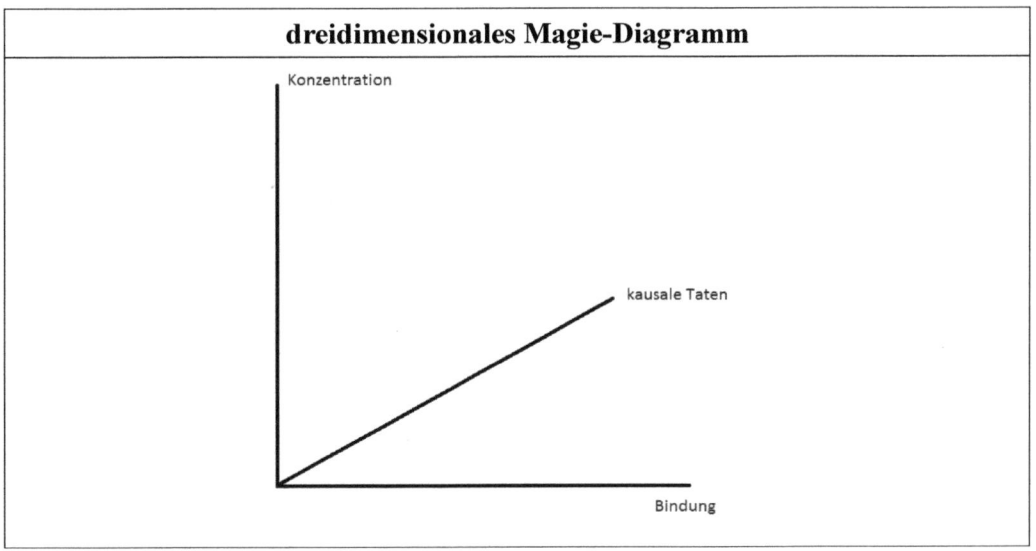

dreidimensionales Magie-Diagramm

Konzentration

kausale Taten

Bindung

In diesem Diagramm könnte eine Handlung, die sowohl einen magischen als auch einen kausalen Aspekt hat, als ein Raum in diesem Koordinatensystem dargestellt werden:

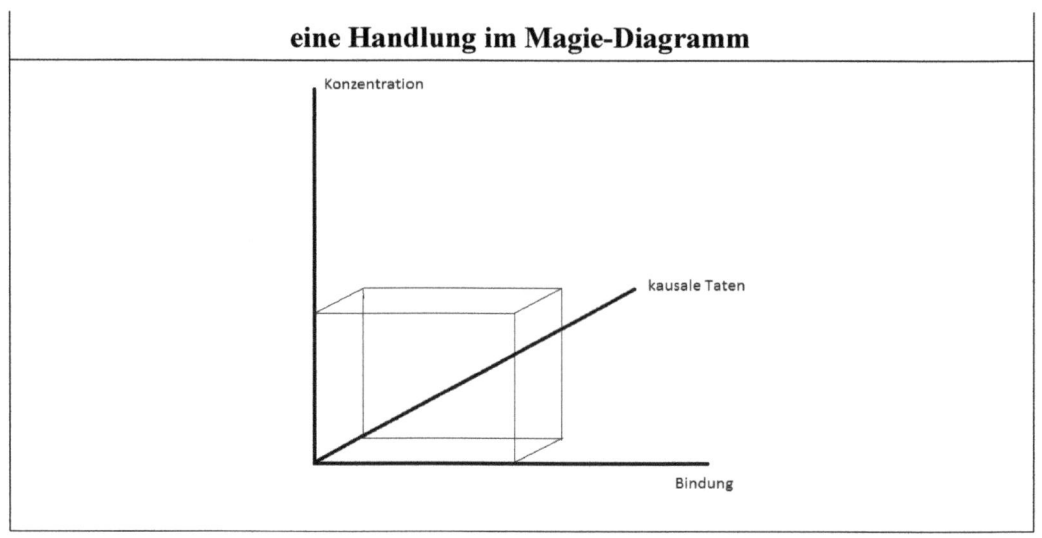

eine Handlung im Magie-Diagramm

Der Fluß der Lebenskraft wäre dann der Pfeil von dem Nullpunkt zu der oberen, rechten, hinteren Ecke des Raumes (der Quader), der durch die Multiplikation von Konzentration, Bindung und Taten gebildet wird. Der Punkt auf dieser Ecke des Raumes, der von den drei Faktoren gebildet wird, beschreibt die Effektivität der magisch-kausalen Handlung – die Linie (Vektor) von dem Nullpunkt bis zu diesem Punkt beschreibt den Impuls in der Welt, der durch diese Handlung entsteht (Bild unten).

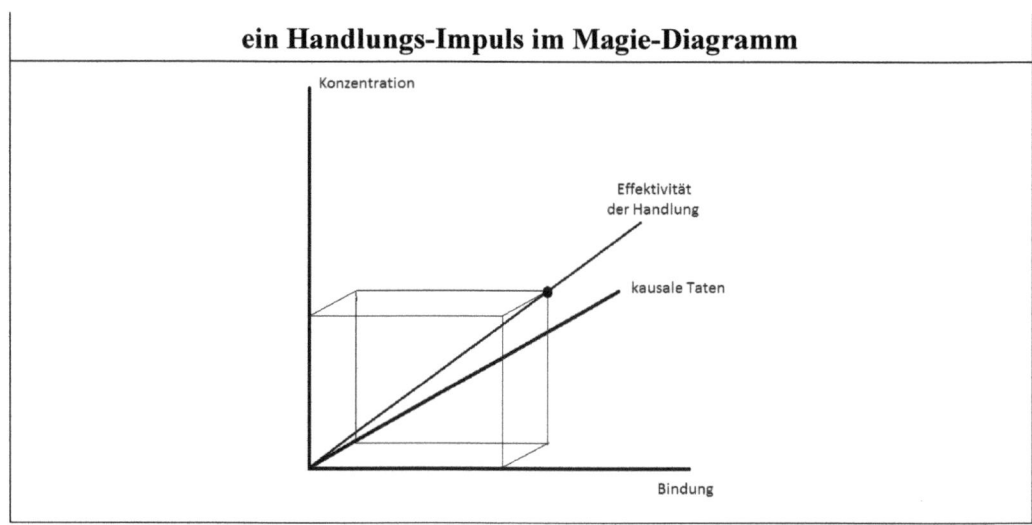

ein Handlungs-Impuls im Magie-Diagramm

Aus dem Magie-Diagramm ist jetzt ein Diagramm geworden, das sowohl die kausale Seite einer Handlung als auch die magische Seite einer Handlung beschreibt.

Dieses Diagramm hat auch noch eine weitere Eigenschaft: Es stellt sowohl die Bewußtseins-Seite als auch die Materie-Seite der Welt dar. Die Konzentrations-Achse beschreibt das Bewußtsein, die Taten-Achse die Materie (Taten in der materiellen Welt) und die Bindungs-Achse das Analogie-Muster, durch das alle Teile der Welt in einem sinnvollen Verhältnis zueinander stehen.

In dem Diagramm hat der Raum, der die Effektivität einer magisch-kausalen Handlung darstellt, drei Flächen. Diese Flächen haben alle eine unterschiedliche konkrete Bedeutung.

Die „Konzentration · Bindung"-Fläche beschreibt die magische Ausrichtung auf ein Ziel, die aus der Konzentration auf die passenden Bilder (Imagination) besteht, die das, was man verändern möchte, durch Analogien und durch Kontakt an die entsprechenden Teile der Welt binden.
Dies ist der magische Aspekt einer Handlung.

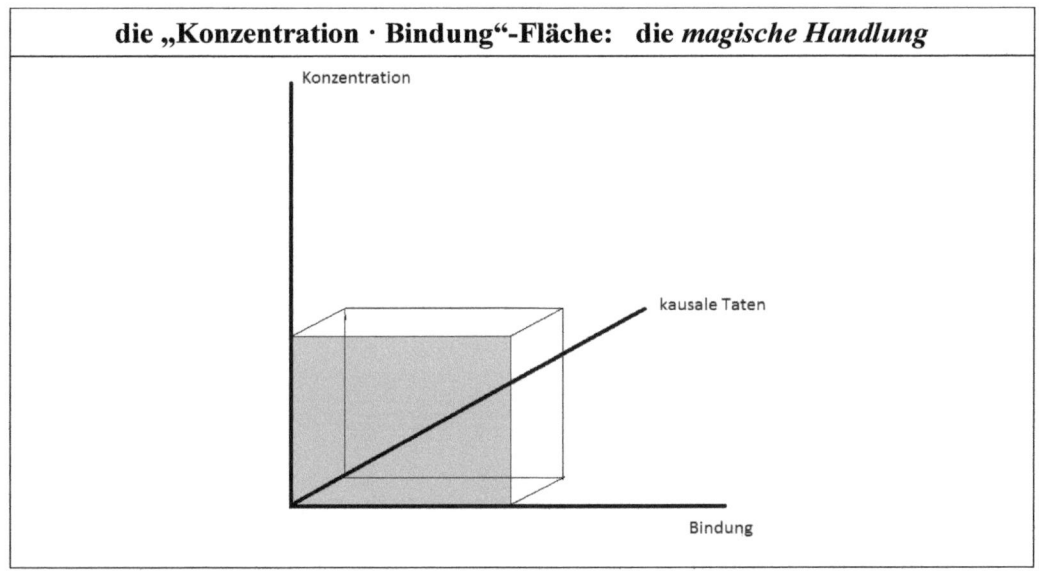

die „Konzentration · Bindung"-Fläche: die *magische Handlung*

Die „Konzentration · Taten"-Fläche ist das, was man eine Alltags-Handlung nennen können wie z.B. das Aufpumpen eines Fahrrads. Bei dieser Handlung konzentriert man sich auf das „Bewegen von Materie mit der Hand".

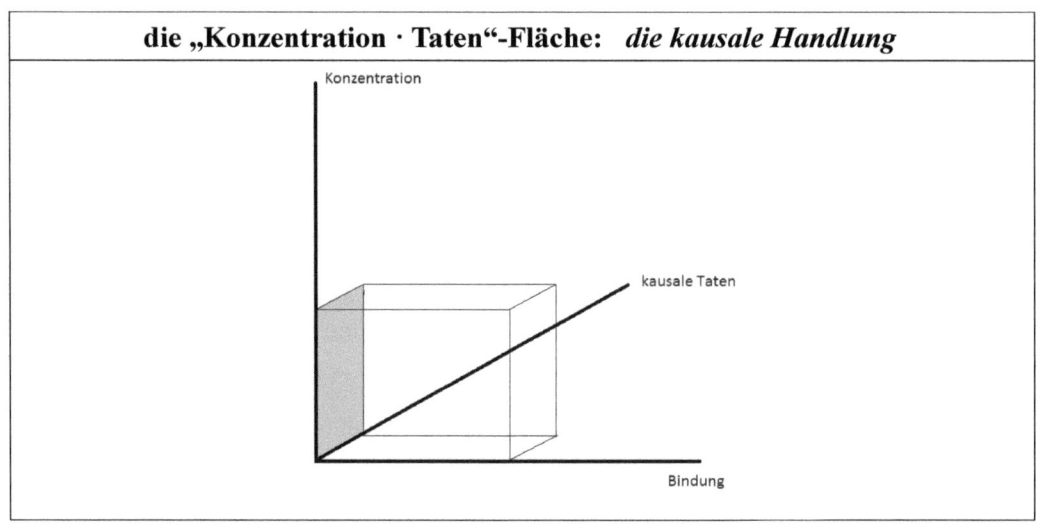

die „Konzentration · Taten"-Fläche: *die kausale Handlung*

Konzentration

kausale Taten

Bindung

Die „Bindung · Taten"-Fläche ist die Kombination der magischen Seite der Welt (Bindungen) mit der kausalen Seite der Welt (Taten). Sie ist sozusagen das „Spielfeld", in dem sich das Bewußtsein (Konzentration) bewegt. Diese Fläche ist die Welt, in deren kausaler Seite und in deren magischer Seite man dieselbe Strukturen finden kann, die bereits beschrieben worden sind: die elf Dimensionen, der zwölfgeteilte Kreis als Grundbaustein, die Qualitäten der Winkel usw.

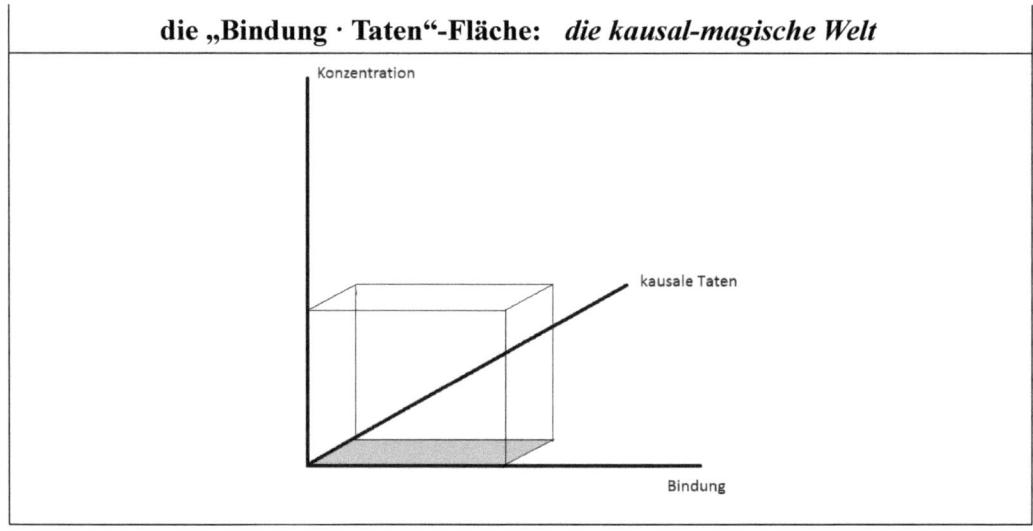

die „Bindung · Taten"-Fläche: *die kausal-magische Welt*

Konzentration

kausale Taten

Bindung

Der Raum, der sich aus den drei Faktoren Konzentration, Bindung und Taten ergibt, beschreibt die kausal-magischen Handlungen des Bewußtseins in der Welt.

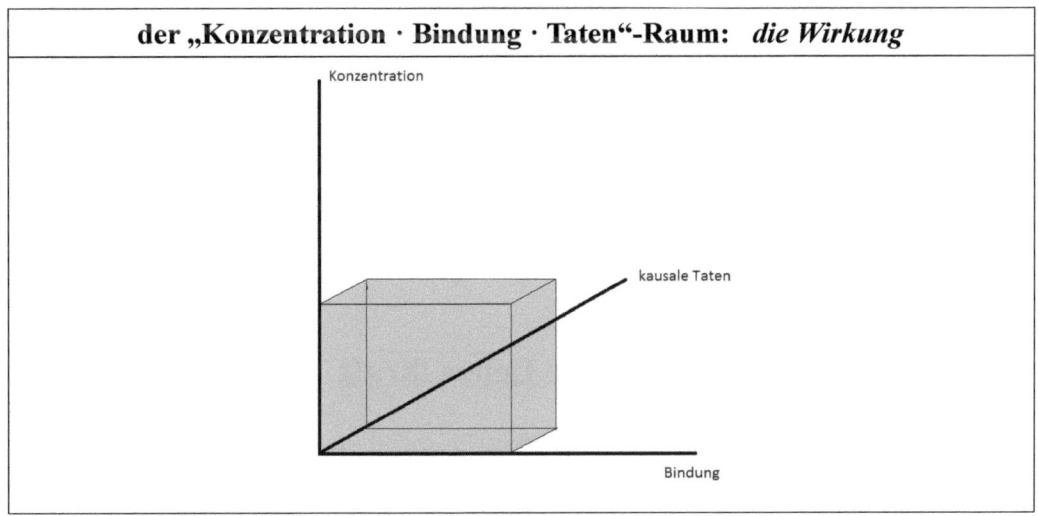

der „Konzentration · Bindung · Taten"-Raum: *die Wirkung*

Innerhalb dieses Modells läßt sich die Effektivität einer Handlung als Linie vom Nullpunkt zur hinteren, oberen, rechten Ecke des Raumes in dem Diagramm darstellen. Diese Ecke ist der Punkt, bis zu dem die Wirkung einer kausal-magischen Handlung in der Welt reicht.

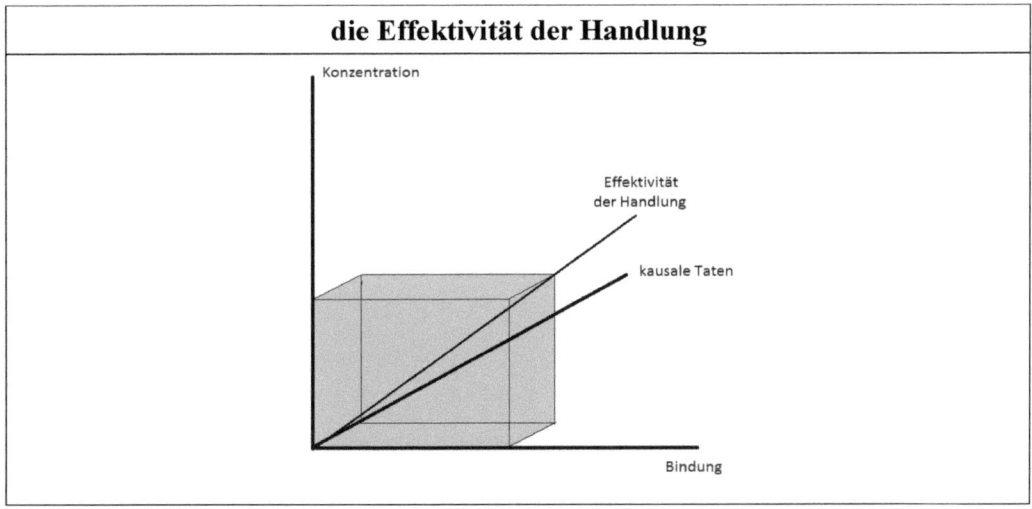

die Effektivität der Handlung

Der kausale Aspekt einer Handlung findet sich in der „Konzentration · Taten"-Fläche und der magische Aspekt einer Handlung in der „Konzentration · Bindung"-Fläche.

In den am Anfang des Buches dargestellten Diagrammen ergab sich der Lebenskraft-Fluß aus der Multiplikation der Konzentration mit der Bindung. Wenn jedoch auch die kausalen Taten mit zu diesem Diagramm gehören, kann der Lebenskraft-Fluß entweder weiterhin nur die Multiplikation von Konzentration und Bindung sein oder aber aus der Multiplikation von Konzentration, Bindung und Taten entstehen.

Zunächst einmal bleibt es noch unklar, welche der beiden Beschreibungen zutreffend ist.

8. c) Die Lebenskraft

Über die Lebenskraft wird weltweit übereinstimmend berichtet, daß man sie optisch als ein milchigweißes Leuchten mit einem leichten Blauschimmer und physisch als verschiedene Hitze-Phänomene wahrnehmen kann. Diese Phänomene sind an physische Dinge wie den eigenen Körper oder den eines anderen Menschen, eines Tieres, einer Pflanze, eines Berges usw. gebunden.

Diese Bindung der Lebenskraft an physische Dinge, die durch sie sozusagen lebendig sind, ist ein Hinweis darauf, daß es auch einen Bezug der Lebenskraft zur Materie geben muß.

Um dem Wesen der Lebenskraft von der Seite der Magie-Formel aus näherzukommen, kann man sich einmal die drei Diagonalen in den drei Flächen in dem Magie-Diagramm genauer anschauen.

Zunächst einmal gibt es die magische Seite der Wirkung, also des Raumes in diesem Diagramm. Die Diagonale in dieser Fläche ergibt sich aus dem Zusammenwirken von Konzentration und Bindung und beschreibt daher die Effektivität der magischen Handlung. Wie gut ist man auf sein Ziel ausgerichtet und durch Analogien mit der Welt verbunden?

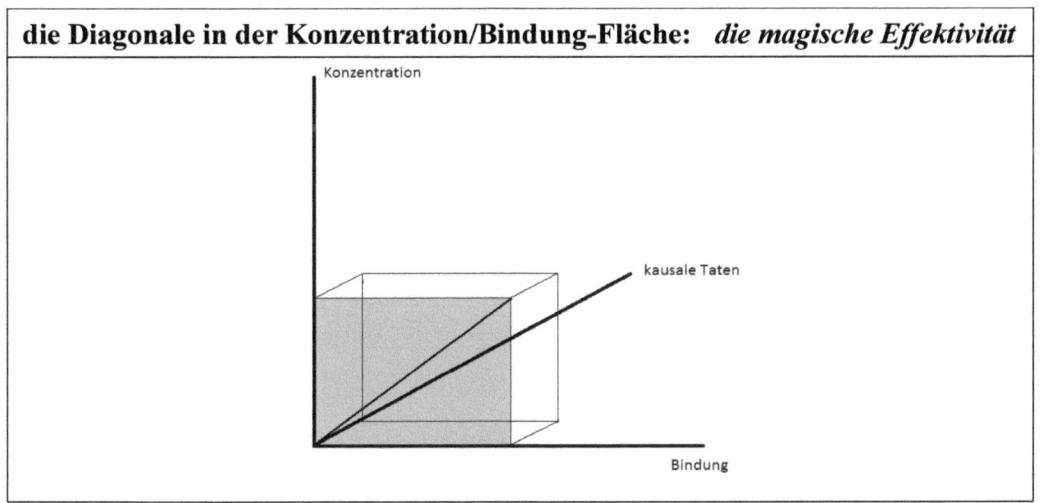

die Diagonale in der Konzentration/Bindung-Fläche: *die magische Effektivität*

Dann gibt es die Seite des Raumes in diesem Diagramm, der den kausalen Aspekt einer Handlung beschreibt, der sich aus dem Zusammenwirken der Konzentration mit den kausalen Taten ergibt. Sie beschreibt die kausale Effektivität einer Handlung: Wie gut ist man auf sein Ziel ausgerichtet und durch Kraft und Sachkenntnis mit der Welt verbunden?

Diese Linie beschreibt die Bewegung der Materie, die durch die kausale Handlung entsteht.

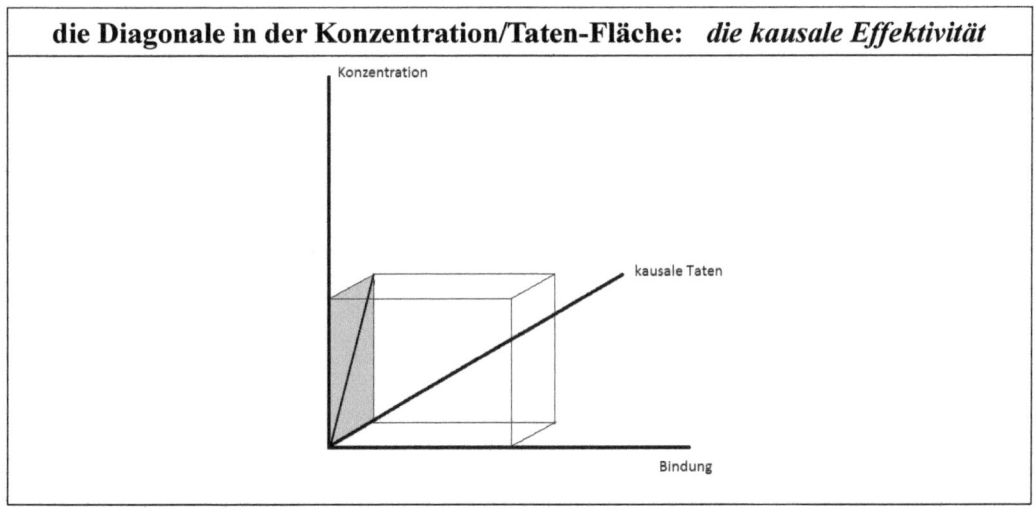

die Diagonale in der Konzentration/Taten-Fläche: *die kausale Effektivität*

Schließlich gibt es noch die Seite des Raumes in diesem Diagramm, die durch die Bindungen (magische Seite der Welt) und durch die zeitlichen Zusammenhänge (kausale Seite der Welt) gebildet wird. Diese Seite ist das „Spielfeld", in dem sich das Bewußtsein bewegt. Die Diagonale in dieser Fläche ist daher keine Tätigkeit des Bewußseins (Konzentration), sondern eine Bewegung in der Welt.

Eine Bewegung auf dem „kausal-magischen Spielfeld" ist eine kaleidoskopartige Entwicklung des Mandalas, das sich aus dem kausalen Verlauf der Welt und dem vollständigen Geordnetsein der Welt durch Analogien ergibt. Eine Bewegung in dieser Fläche ist somit eine Weiterentwicklung des Mandala-Musters der Welt.

Die magisch-kausale Handlung ist ein Impuls in der Entfaltung dieses Mandalas.

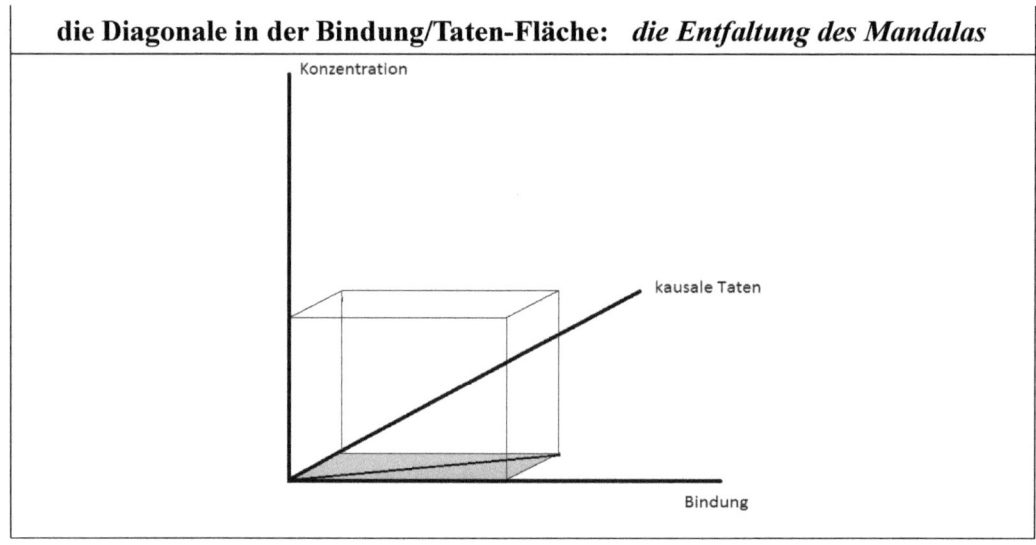

die Diagonale in der Bindung/Taten-Fläche: *die Entfaltung des Mandalas*

Konzentration

kausale Taten

Bindung

Die Lebenskraft wird in den folgenden Kapiteln noch genauer betrachtet.

9. verschiedene Formen der Magie

Um die Magie-Formel zu bestätigen, zu widerlegen oder weiterzuentwickeln, ist es hilfreich, einige spezielle Formen der Magie näher zu betrachten und zu prüfen, ob die bisherige Magie-Formel „Konzentration · Bindung · Taten = Lebenskraft-Fluß" die beobachteten Phänomene zutreffend beschreibt.

9. a) Homöopathie

Die homöopathischen Heilmittel werden auf eine spezielle Weise hergestellt. Man nimmt etwas Substanz eines Tieres, einer Pflanze, eines Minerals o.ä. wie z.B. ein Stückchen Fliegenpilz. Dann mischt man dieses Stückchen in einem bestimmten Verhältnis mit Milchzucker im Verhältnis 1:10 oder 1:100. Dieser Vorgang wird in der Regel sehr oft wiederholt (meistens 30x bis 1000x).

Durch diese wiederholten Vermischungen mit Milchzucker wird der Anteil der Ausgangssubstanz in dem Mittel immer geringer, sodaß diese Substanz in den höheren Verdünnungen („Potenzierungen") schließlich nicht mehr vorhanden ist.

Jedes auf diese Weise neu gewonnene und daher in seiner Wirkung noch unbekannte Mittel wird dann von einer Gruppe von Menschen eingenommen, die dann die Wirkung dieses Mittels beobachten. Alle körperlichen, psychischen und geistigen Phänomene, die dabei auftreten, werden schriftlich festgehalten.

Die so hergestellten Kügelchen heilen dann anschließend genau die Phänomene, die bei der Einnahme der Kügelchen durch gesunde Versuchspersonen aufgetreten sind.

Das Mittel selber entsteht also dadurch, daß man schrittweise die physische Substanz durch Verdünnung auflöst, sodaß schließlich nur noch der magische Teil des Mittels übrigbleibt – seine Lebenskraft. Diese Mittel sind daher eine Form der Kontaktmagie: die Kügelchen, die z.B. aus einem Fliegenpilz durch Verdünnen in Milchzucker hergestellt worden sind, sind ein perfekter Kontakt-Vermittler zu den Fliegenpilzen.

Die Herstellung des Kontaktes geschieht durch die Einnahme der Kügelchen. Genaugenommen beginnt die Wirkung des Mittels jedoch nicht erst bei der Einnahme, sondern in dem Augenblick, in dem der Homöopath beschlossen hat, welches Mittel er dem Patienten geben will (wenn der Patient entschlossen ist, das Mittel auch zu nehmen). Dieses Verfahren erspart dem Patienten die Konzentration und sowohl dem Homöopathen als auch dem Patienten die Herstellung des magischen Kontaktes. Es ist kein magisches Ritual o.ä. notwendig, sondern nur das Schlucken des Kügelchens.

In diesem stark vereinfachten magischen Verfahren wird von dem Patienten nur noch das Gesundwerdenwollen (das meistens ohne ein „Ja, aber ...“ ist) und das Einnehmen der Kügelchen benötigt.

Die Kügelchen ersparen sowohl dem Homöopathen als auch dem Patienten das sonst in der Magie benötigte Einbringen von Lebenskraft – das übernimmt die Substanz, aus dem die Kügelchen hergestellt worden sind (z.B. der Fliegenpilz).

Bei der Herstellung der Kügelchen wird die materielle Substanz nach und nach durch Verdünnung auf „0“ reduziert, was man auch in dem Magie-Diagramm darstellen kann:

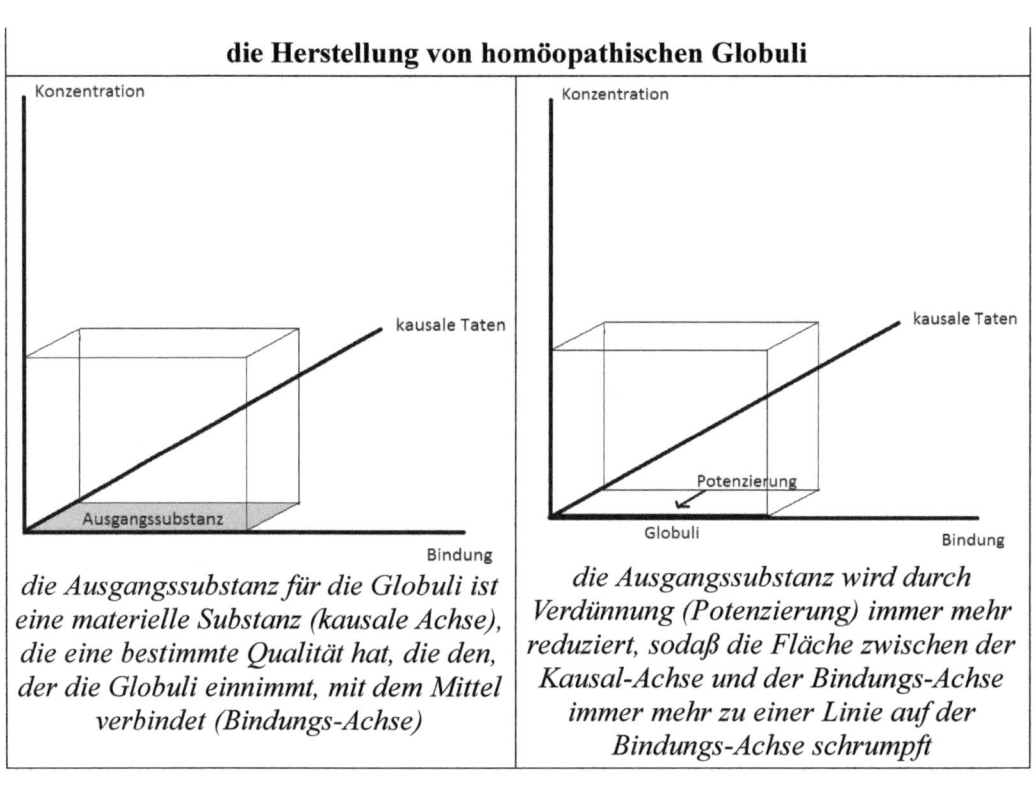

die Herstellung von homöopathischen Globuli

die Ausgangssubstanz für die Globuli ist eine materielle Substanz (kausale Achse), die eine bestimmte Qualität hat, die den, der die Globuli einnimmt, mit dem Mittel verbindet (Bindungs-Achse)

die Ausgangssubstanz wird durch Verdünnung (Potenzierung) immer mehr reduziert, sodaß die Fläche zwischen der Kausal-Achse und der Bindungs-Achse immer mehr zu einer Linie auf der Bindungs-Achse schrumpft

Zunächst einmal läßt sich nur feststellen, daß die Homöopathie eine sehr praktische Form der Kontakt-Magie ist und daß sich der Vorgang der Herstellung der Globuli sehr einfach in dem Magie-Diagramm darstellen läßt.

Die materielle Substanz, die dem Mittel zugrundeliegt (z.B. der Fliegenpilz) ist in den Fliegenpilz-Globuli nicht mehr enthalten. Die Erdung der magischen Handlung durch eine materielle Tat ist bei dieser Kontakt-Magie jedoch vorhanden: Die Erdung wird durch die Einnahme des Mittels erreicht.

Ob sich dieser Vorgang noch in weitere Zusammenhänge einfügt oder ob sich aus ihm interessante Schlußfolgerungen ergeben, wird sich in den weiteren Betrachtungen zeigen.

9. b)   die Astralreise

Die Astralreise ist das zentrale religiöse Erlebnis. Es tritt vor allem bei Nahtod-Erlebnissen auf, aber es kann durchaus auch spontan und unter undramatischen Umständen auftreten. Bei diesem Erlebnis verläßt man seinen physischen Körper und schwebt über ihm und kann alles um sich herum wahrnehmen – man verläßt mit seiner Seele seinen Leib. Dieses Erlebnis hat den Menschen schon in der Altsteinzeit gezeigt, daß der Mensch mehr als nur sein Körper ist.

Da man bei diesem Erlebnis über seinem eigenen physischen Leib schwebt, also „wie ein Vogel" ist, wird der Astralkörper weltweit als „Seelenvogel" dargestellt und bezeichnet. Im Christentum sind daraus die Engel geworden.

Seit mindestens der späten Altsteinzeit wird dieses Erlebnis als ein Stab mit einem Vogel auf seiner Spitze oder als ein aus Holz geschnitzter Mensch mit einem Vogel auf seinem Nacken oder auf seinem Kopf dargestellt: der Totempfahl. Seit der frühen Jungsteinzeit gibt es solche Totempfähle und auch solche Mensch-Seelenvogel-Statuen aus Stein.

Die Realität dieser Astralreisen kann man natürlich nur erkennen, wenn man sie einmal selber erlebt hat. Wenn man sich danach umhört, wird man jedoch schnell jemanden finden können, der schon einmal solch ein „out of body"-Erlebnis gehabt hat. Als ich einmal in der Klasse meiner Tochter eine Unterrichtsstunde über Schamanismus gehalten habe, habe ich gefragt, wer schon alles einmal eine Astralreise erlebt hat oder dem schon einmal von jemanden, dem er vollkommen vertraut, ein solches Erlebnis erzählt worden ist – es hat sich immerhin ein Drittel der Klasse (einschließlich des Klassenlehrers) gemeldet.

Das Erlebnis der Astralreise zeigt sehr eindrucksvoll, daß es etwas gibt, das es zu erforschen lohnt – daraus sind die Schamanen entstanden, die die Astralreise nach einem Nahtod-Erlebnis willentlich erlernt haben und sie dann für verschiedene magische Zwecke nutzen können. Die Schamanen sind die frühesten „religiös-magischen Spezialisten" der Menschen gewesen.

Das, womit man den Körper verläßt und in dem sich dann das Bewußtsein befindet, hat viele Namen erhalten, von denen heute „Seele", „Astralkörper" und „Lebenskraft-körper" am bekanntesten sind. In der Psychologie wird der Vorgang des Verlassens des physischen Leibes mit dem Astralkörper „Dissoziation" genannt.

Insbesondere die Auffassung dieses Körpers als aus Lebenskraft bestehend ist interessant, weil dies bedeutet, daß sich das Bewußtsein räumlich getrennt von seinem Körper aufhalten kann. Spukende Geister sind solche Lebenskraftkörper von Verstorbenen, deren Körper nicht mehr lebt. Offenbar ist der Lebenskraftkörper mit dem in ihm wohnenden Bewußtsein in gewissem Maße unabhängig von dem physischen Körper.

Das hat Konsequenzen für die Entwicklung der Magie-Formel, die nach den bisherigen Betrachtungen „Konzentration · Bindung · Taten = magisch-kausale Wirkung" lautet. Ein Unteraspekt dieser Formel lautet: „Konzentration · Bindung = Lebenskraft-Fluß".

Der Astralkörper bzw. der spukende Geist, also der frei umherschwebende Lebenskraftkörper eines Lebenden bzw. eines Toten hat keinen materiellen Aspekt – er hat keinen Körper und er kann nicht auf Körper einwirken (zumindestens nur in sehr geringem Maße durch Telekinese).

Man kann also sagen, daß nicht jeder Vorgang in der Welt der Formel „Konzentration · Bindung · Taten = magisch-kausale Wirkung" entspricht, da es Vorgänge ohne den materiellen Aspekt gibt. Daraus ergibt sich wiederum, daß Bewußtsein und Materie zwar im Allgemeinen die Innenseite und die Außenseite der Welt sind wie z.B. das Bewußtsein und der Leib eines Menschen, daß es aber auch Materie-unabhängiges Bewußtsein gibt.

Daraus ergibt sich jedoch ein mathematisches Problem: Wenn die Formel „Konzentration · Bindung · Taten = magisch-kausale Wirkung" richtig sein sollte (und sie hat die bisher betrachteten Phänomene gut beschrieben), dann dürfe bei keinem Vorgang der Anteil der Materie zu „0" werden, da dann auch das Produkt aus den drei Faktoren zu „0" werden würde – was bedeutet, daß es keinen Astralkörper und keine Geister geben könnte, da diese dann „0", also nichtexistent wären.

Was tun? Es hat sich offenbar eine Ungenauigkeit in die Formel eingeschlichen:

1. Anfangs hat sich diese Formel in der Fassung „Konzentration · Bindung = Lebenskraft-Fluß" ganz auf die magischen Handlungen bezogen und Telepathie, Telekinese, Astrologie u.ä. beschrieben.

2. Dann kam die Feststellung hinzu, daß das Bewußtsein sowohl die Lebenskraft als auch die Materie lenkt. Daraus ist dann die Formel „Konzentration · Bindung · Taten = magisch-kausale Wirkung" entstanden, die die umfassende Wirkung der Bewußtseinsimpulse (Konzentration) beschreibt.

3. Daraus ist dann wiederum die Vermutung abgeleitet worden, daß alle Taten etwas von allen drei Faktoren (Konzentration, Bindung, Taten) enthalten müssen, damit sie eine Wirkung haben – was auch weitgehend der Erfahrung entspricht.

Die Formel „Konzentration · Bindung · Taten = magisch-kausale Wirkung" beschreibt zunächst einmal Beobachtungen auf zutreffende Weise – wobei man beachten muß, daß hier bislang nur qualitative Zusammenhänge und keine konkrete Größen erfaßt worden sind.

Da diese Formel jedoch auf den Widerspruch stößt, daß bei einer Astralreise keine Materie beteiligt ist, aber die Astralreise trotzdem real ist und sie auch eine Wirkung hat (wie z.B. nachschauen können, was im Nebenzimmer geschieht), muß die bisherige Formel umgebaut werden.

Eine Möglichkeit wäre z.B. die Annahme, daß die magische Wirkung und die kausale Wirkung unabhängig voneinander existieren. In diesem Fall müßte man den Einfluß der Konzentration auf die Materie (kausale Wirkung) und den Einfluß der Konzentration auf die Lebenskraft (magische Wirkung) addieren. Das sähe dann wie folgt aus:

Konzentration · Taten = magische Wirkung
(Bewegung der Lebenskraft)

+

Konzentration · Bindung = kausale Wirkung
(Bewegung der Materie)

=>

Konzentration · Taten + Konzentration · Bindung = Gesamtwirkung

---

In dieser Formel würde eine Restwirkung übrigbleiben, auch wenn entweder die Bindung oder die Taten zu „0" werden.

Wenn sowohl Taten als auch Bindung zu „0" werden, konzentriert man sich zwar, aber es fehlt das Ziel bzw. die Erdung und es geschieht nichts …

Wenn die Konzentration zu „0" wird, geschieht ebenfalls nichts – es fehlt der Impuls im Menschen.

Man kann nun schauen, ob man diese Formel überprüfen kann. Für sie spricht, daß es durchaus vorkommt, daß man eine magische Handlung unternimmt, die eine große Wirkung hat, für die man aber so gut wie keine konkreten Schritte zur Erdung unternommen hat. Wenn die Formel „Konzentration · Bindung · Taten = magisch-kausale Wirkung" stimmen würde, müßten die fast ganz fehlenden konkreten, kausalen Schritte die Wirkung sehr klein werden lassen, da einer der drei Faktoren (Taten) gegen „0" geht und daher auch das Produkt aus den drei Faktoren gegen „0" geht.

Auch bei einer telpathischen Wahrnehmung existiert keine physisch-kausale Handlung, aber sie hat trotzdem eine Wirkung.

Die Formel „Konzentration · Bindung · Taten = magisch-kausale Wirkung" muß also verworfen werden, auch wenn sie zunächst einmal eine gute Näherung gewesen ist und viele Zusammenhänge gut beschrieben hat – diese Irrtümer, Neuanfänge und Verwandlungen sind das Los aller Forscher …

Man kann nun schauen, wie sich die neue Formel graphisch darstellen läßt. Die Addition zweier Produkte ist zunächst einmal das Nebeneinanderstellen zweier recht-eckiger Flächen. Es fragt sich jedoch, auf welche Weise man dies am passendsten durchführen kann.

Am einfachsten ist es, zwei rechteckige Fläche übereinander zu stellen, wobei die senkrechte Achse wie bisher die Konzentration darstellt, und die waagerechte Achse sowohl die magische Bindung als auch die kausalen Taten.

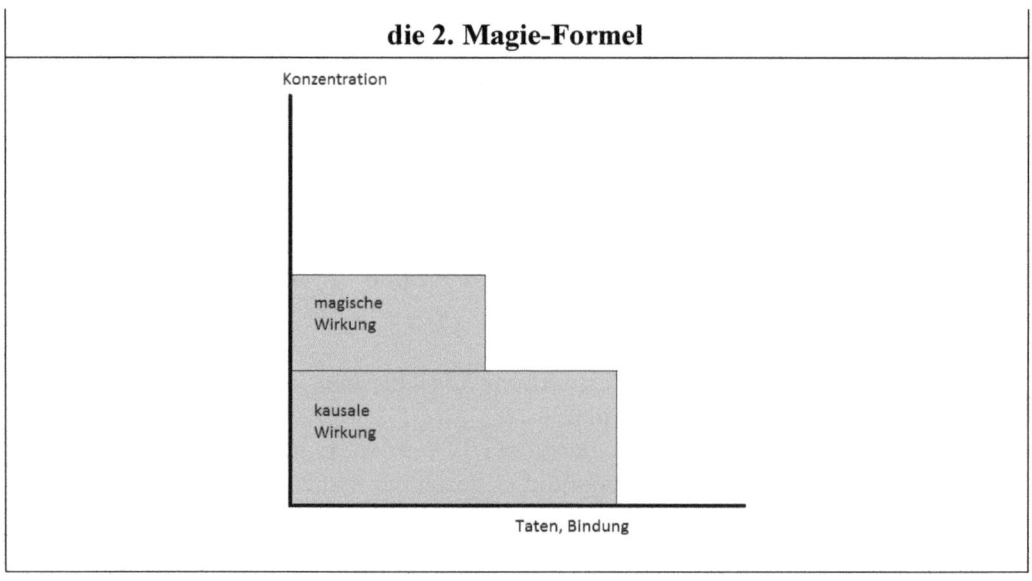

Die hier dargestellte Tat ist fast ein Aktionismus oder ein sich Abrackern: Der Anteil der kausalen Taten, also der physischen Handlungen ist hoch, aber die Konzentration auf die Arbeit ist klein. Die Bindung ist noch einigermaßen gut durchdacht, aber auch die Konzentration auf den magischen Aspekt der Handlung ist eher klein. Dies ist recht sicher keine sonderlich effektive und freudevolle Handlung.

Es fragt sich, ob diese Darstellung durch zwei Rechtecke in einem zweiachsigen Diagramm, in dem die eine Achse zwei verschiedene Bedeutungen hat, so zutrifft. Sie beschreibt zunächst einmal zutreffend die beobachteten Vorgänge, aber eine solche Addition wirkt nicht sonderlich organisch.

Zudem bleibt die Frage im Raum, ob eine große kausale Wirkung auch einen Einfluß auf die Größe der magischen Wirkung hat, und ebenso, ob eine große magische Wirkung auch einen Einfluß auf die Größe der kausalen Wirkung hat.

Letztlich sind diese beiden Fragen die Frage nach dem Verhältnis zwischen Bewußtsein und Materie. Diese Frage hat mindestens fünf Unterpunkte:

<u>1. Frage:</u> Was ist der Zusammenhang zwischen Bewußtsein und Materie?

<u>2. Frage:</u> Was ist der Zusammenhang zwischen Bewußtsein und Magie bzw. Lebenskraft?

<u>3. Frage:</u> Was ist der Zusammenhang zwischen den magischen Analogien und den kausalen Entwicklungen?

<u>4. Frage:</u> Wie kann das Bewußtsein sowohl mithilfe der Magie als auch mithilfe der Kausalität Ereignisse lenken?

<u>5. Frage:</u> Kann die magische Bindung neben den kausalen Taten auf der waagerechten Achse dieses zweiten Entwurfs eines Magie-Diagramms stehen?

<u>zur 1. Frage:</u> „Was ist der Zusammenhang zwischen Bewußtsein und Materie?"

In dem einfachste Modell ist das Bewußtsein die Innenseite der Materie und die Materie die Außenseite des Bewußtseins – daher wirkt beides aufeinander bzw. stets gemeinsam. Dieses Modell kann zwar viele physische und magische Phänomene erklären, aber eben nicht alle – die Möglichkeit zur Astralreise steht im Widerspruch zu dieser These, da sich der Astralkörper unabhängig vom materiellen Körper bewegen kann und der Astralkörper eines Toten („Geist") gar keinen lebenden Körper mehr besitzt.

Viele Phänomene ließen sich dadurch erklären, daß das Bewußtsein die Möglichkeit hat, sich auszuweiten, wie man dies z.B. bei der Telepathie oder in verschiedenen Meditationen erleben kann. Es ist zwar möglich, die Astralreise als „eine Ausweitung des Bewußtseins auf beliebige andere Orte" zu beschreiben, aber wenn man selber einmal eine Astralreise erlebt hat, klingt diese Beschreibung doch sehr blaß und gibt nicht die Intensität des Erlebnisses wieder.

<u>zur 2. Frage:</u> „Was ist der Zusammenhang zwischen Bewußtsein und Magie bzw. Lebenskraft?"

Das Bewußtsein kann durch Konzentration und durch die Benutzung von Analogien oder Kontakt (die beiden Formen der „magischen Bindung") die Lebenskraft lenken und eine magische Wirkung erzielen.

<u>zur 3. Frage:</u> „Was ist der Zusammenhang zwischen den magischen Analogien und den kausalen Entwicklungen?"

Der Zusammenhang zwischen dem physikalischen Weltbild und dem magischen Weltbild ist das sich entfaltende Mandala, in dem alle Teile in einem sinnvollen Bezug zueinander stehen (Analogien).

Das wurde durch die erste Formel recht schlicht beschrieben: „Konzentration · Bindung · Taten = magisch-kausale Wirkung".

Doch diese Formel hat leider zu Widersprüchen geführt, da es ihr zufolge z.B. keine Astralreisen geben dürfte, da diese keinen materiellen Aspekt haben. Dadurch würde das Produkt aus den drei Faktoren (Konzentration, Bindung, Taten) zu „0" werden – was so nicht stimmen kann.

<u>zur 4. Frage:</u> „Wie kann das Bewußtsein sowohl mithilfe der Magie als auch mithilfe der Kausalität Ereignisse lenken?"

Es ist zwar fraglich, ob man das Verhältnis zwischen Bewußtsein und Materie mit dem Satz „Materie ist die Außenseite der Welt – Bewußtsein ist die Innenseite der Welt." schon ausreichend genau beschreiben kann, aber das Bewußtsein ist auf jeden Fall sowohl mit der Materie verbunden (eine Hand bewegen) als auch mit der dem magischen Bereich, den man als „Lebenskraft" bezeichnen kann (Telepathie, Telekinese u.ä.).

Der unklare Punkt an dieser Frage ist das genaue Verhältnis zwischen kausaler Wirkung und magischer Wirkung.

Man kann auch nicht das Bewußtsein der magischen Wirkung gleichsetzen, da die magische Wirkung zwar vom Bewußtsein (Konzentration) ausgeht, aber nicht mit ihr identisch ist, da noch die Bindung zu der Konzentration hinzukommen muß. Die Bindung ist wiederum ein Aspekt der Analogie-Struktur der Welt, die sich u.a. in der Astrologie zeigt. Die Grundstruktur der Welt ist sowohl kausal als auch von Analogien geprägt – und in dieser kausal-magischen Welt befindet sich das Bewußtsein und handelt.

Um die Magie genauer beschreiben zu können, ist es notwendig, das Verhältnis zwischen Bewußtsein und Materie präziser zu erfassen. Um dies zu erreichen, werden in den nächsten Abschnitten dieses Kapitels die Phänomene genauer betrachtet, die dem Satz „Materie ist die Außenseite der Welt – Bewußtsein ist die Innenseite der Welt." widersprechen oder zumindestens auf den ersten Blick zu widersprechen scheinen.

<u>zur 5. Frage:</u> „Kann die magische Bindung neben den kausalen Taten auf der waagerechten Achse dieses zweiten Entwurfs eines Magie-Diagramms stehen?"

Zunächst einmal ist dies die einzige Möglichkeit, alle bisher betrachteten Phänomene widerspruchsfrei zu beschreiben. Doch diese „2. Magie-Formel", in der die magische Wirkung und die kausale Wirkung addiert werden, wirkt eher gestückelt und alles andere als elegant – und Eleganz, Schlichtheit, Schönheit und ähnliche Qualitäten sind ein Merkmal von allen grundlegenden Formeln. Das beste und bekannteste Beispiel dafür ist die von Einstein gefundene Formel, die den Zusammenhang zwischen Energie und Materie beschreibt: „$E = m \cdot c^2$".

Eigentlich sollte man davon ausgehen können, daß eine Formel, die die Wirkung der Magie beschreibt oder das Verhältnis zwischen Bewußtsein und Materie, eine ähnlich schlichte Schönheit besitzt und mehrere grundlegende Größen auf eine einfache Weise miteinander in Bezug setzt.

9. c) Karate

Das Zerschlagen eines Astes oder bei Fortgeschrittenen eines Stapels Backsteine mit der Handkante ist ein Beispiel, für das die „2. Magie-Formel" gut paßt. Bei einem solchen Schlag benutzt man sowohl die Muskeln als auch das „Chi" (die chinesische Bezeichnung für die Lebenskraft). Ohne das Chi würde man sich die Hand brechen, aber wenn man nicht physisch zuzuschlagen würde, bliebe der Ast ganz.

Es ist allerdings zunächst einmal noch unsicher, ob dieser Vorgang durch eine Addition der beiden Wirkungen zutreffend beschrieben wird.

9. d) Erdung

In der „1. Magie-Formel" („Konzentration · Bindung · Taten = magisch-kausale Wirkung") erscheint die Erdung der magischen Handlung als ein notwendiger Bestandteil jeder Handlung, weil ansonsten das Produkt aus den drei Faktoren zu „0" werden würde.

Diese Erdung ist zwar in vielen Fällen notwendig, aber es gibt auch Fälle, in denen es keinerlei Erdung gegeben hat. So bin ich z.B. einmal morgens zu dem Bioladen gegangen, in dem ich damals gearbeitet habe, und habe mir gedacht, daß es doch schön wäre, wenn ich ein zweites Fahrrad hätte, denn dann könnte ich, wenn ich Besuch bekomme, mit ihm zusammen zum Rhein fahren. Ich habe dann nicht weiter an diesen Wunsch gedacht, aber als ich dann im Laden war, klopfte jemand noch vor der morgendlichen Öffnung des Ladens ans Schaufenster und hat mich gefragt, ob ich nicht ein Fahrrad geschenkt haben möchte – der Mann hatte gerade bei sich aufgeräumt und hatte eins übrig …

Die Erdung scheint daher eher ein Hilfsmittel für die Konzentration zu sein oder eine Möglichkeit, eine unklare Motivation gezielter auszurichten.

Die Erdung wäre dann ein Hilfsmittel, das eingesetzt werden kann, wenn man sich nicht die Mühe gemacht hat, durch Selbstbesinnung einen unklaren und widersprüchlichen „Ja, aber …"-Wunsch zu einem von Herzen kommenden „Ja"-Wunsch umzuwandeln.

In manchen Fällen scheint die Erdung auch wie ein „Türöffner" zu wirken – insbesondere dann, wenn sich jemand etwas auf magisch Weise herbeigerufen hat, bei dem er sich unsicher ist, sich schämt o.ä. Man kann die Erdung auch in solchen Fällen als ein Konzentrations-Hilfsmittel auffassen.

Wenn man sich das Fahrrad-Beispiel genauer anschaut, stellt man fest, daß es bei diesem Beispiel weder eine Konzentration noch eine Bindung gegeben hat. Die treibende Kraft und die prägende Struktur bei dieser Magie ist die Selbstliebe gewesen: Ich habe ganz entspannt nebenbei bemerkt, daß ein zweites Fahrrad schön wäre, und habe die Vorstellung genossen, zu zweit zum Rhein zu fahren und dann gemeinsam in der Siegmündung schwimmen zu gehen.

Die einfache Formel „Konzentration · Bindung = Lebenskraft-Fluß" trifft offensichtlich nur für die Formen der Magie zu, bei denen man sich dazu entschlossen hat, für das Erreichen eines bestimmtes Zieles eine magische Handlung durchzuführen. Wenn man in der Selbstliebe ruht, sind die Konzentration und die Herstellung einer magischen Bindung nicht nötig. Anscheinend enthält die Selbstliebe in sich selbst so viel „Eindeutigkeit" und „Strahlung", daß keine zusätzliche Konzentration in der Psyche notwendig ist – und die Selbstliebe organisiert anscheinend auch aus sich heraus die nötigen Analogie-Strukturen.

Die Rückführung der Konzentration, der Imagination und der magischen Bindung auf die Selbstliebe am Anfang dieses Buches ist also nicht nur eine rein psychologische Betrachtung, sondern entspricht auch dem Wirken der Magie. Die einfache Formel „Konzentration · Bindung = Lebenskraft-Fluß" beschreibt offenbar eine Magie-Methode, die man anwenden kann, wenn man aus irgendeinem Grund nicht zu der Selbstliebe zurückkehren kann oder will.

Trotzdem scheint diese Formel die „Willens-Magie", bei der man mehr aus dem Verstand und aus einem Bedürfnis heraus eine magische Handlung beschließt, ausreichend gut zu beschreiben.

9. e) Chakren und Kundalini

Aus der Vorstellung, daß es eine Lebenskraft gibt, auf der die magischen Wirkungen beruhen bzw. mit der sich die magischen Wirkungen am einfachsten beschreiben lassen, ergibt sich, daß diese Lebenskraft in allen Dingen vorhanden ist – sonst könnte die Lebenskraft eines Menschen nicht auf andere Dinge einwirken.

In der Meditation und in Heilungen kann man erleben, daß diese Lebenskraft im Menschen kein diffuser Nebel ist, sondern „Organe" hat, die meistens „Chakra" genannt werden. Diese Chakren bilden ein Gesamtsystem, das eine innere Logik besitzt. Dieses System erleichtert es sehr, psychische und magische Vorgänge zu verstehen.

Dieses System hat eine einfache Grunddynamik: Die eigene Identität im Herzchakra wird zu Impulsen nach außen hin (Halschakra) und nach innen hin (Sonnengeflecht), die dann im Außen zu einer Teilname an der Gemeinschaft (Drittes Auge) und im Innen zu einem festen, aber auch elastischen Standpunkt (Hara) werden. Aus ihnen folgt der geistige Kontakt zur Welt als Ganzes (Scheitelchakra) und der körperliche Kontakt zu anderen Menschen und Dingen (Wurzelchakra).

die sieben Hauptchakren *und ihre symmetrische Anordnung*			
Lage	*Name*	*Qualität*	*Struktur*
Scheitelmitte	Scheitelchakra	außen: geistiger Kontakt	
zwischen den Augenbrauen	Drittes Auge	außen: Orientierung in der Welt (Zielstrebigkeit)	
Kehlkopf	Halschakra	außen: ungehinderter sozialer Selbstausdruck	
Brustmitte	Herzchakra	Zentrum: Identität	
zwischen Nabel und Rippenbogen	Sonnengeflecht	innen: ungehinderter körperlicher Selbstausdruck	
kurz unter dem Nabel	Hara	innen: innerer Halt (Standfestigkeit)	
zwischen Genitalien und After	Wurzelchakra	innen: körperlicher Kontakt	

Dieses Chakrensystem ist jedoch auch ziemlich komplex: Zwischen diesen sieben Hauptchakren liegen die sechs Zwischenchakren, die Tore zwischen diesen Bereichen sind, an denen die Impulse, die letztlich alle von innen vom Herzchakra her kommen, zunehmend konkretisiert werden. Dazu gibt es noch eine Reihe von Chakren und

Zwischenchakren in den Armen und Beinen sowie einige weitere Nebenchakren. Schließlich gibt es noch einige Paare von untergeordneten Zwischenchakren, die mit dem inneren Männerbild und dem inneren Frauenbild verbunden sind.

Das Chakrensystem ist aufgrund seiner vollständigen Symmetrie anders aufgebaut als der physische Körper, aber aufgrund seiner inneren Logik und zugleich Komplexität durchaus dem physischen Leib vergleichbar.

Es ist für die Ausübung von Magie hilfreich, wenn man zumindestens Grundkenntnisse über das Chakrensystem besitzt, da man dann bestimmte Phänomene leichter einordnen und mit ihnen umgehen kann.

In dem Chakrensystem gibt es auch einen „Lebenskraft-Kreislauf", dessen bekanntester Aspekt die Kundalini ist, die man bei der Meditation als im Körper aufsteigende Hitze erleben kann und mit der oft das Bild einer Schlange oder eines feuerspeienden Drachens verbunden ist.

Das Erwecken der Kundalini führt zu einer Bewußtwerdung aller Polarisierungen, Blockaden und sonstigen Verzerrungen in den Chakren. Das Fließen der Kundalini führt zur Heilung der Chakren und somit zur Integrität des Menschen – und zu der Magie, die mühelos aus der Selbstliebe heraus fließt. Die Lebenskraft kann im Lebenskraftkörper nur frei fließen, wenn es keine Blockaden gibt – und die Kundalini ist dieser freie Fluß der Lebenskraft.

Das Erwecken der Kundalini führt somit zu einer störungsfreien und bis zur eigenen Seele reichenden Integrität und Konzentration. Dabei wird man natürlich mit allen Blockaden konfrontiert und aufgefordert, sie zu heilen …

Das Erwecken der Kundalini führt auch zu einem maximalen Fluß der Lebenskraft, der der willentlichen Konzentration in der Magie-Formel „Konzentration · Bindung = Lebenskraft-Fluß" entspricht – und diese Konzentration überflüssig macht. Die willentliche Konzentration auf ein Ziel ist eine „Krücke", die dann benötigt wird, wenn man nicht aus der intakten Selbstliebe im eigenen Herzchakra heraus auf das ausgerichtet ist, was einem guttut.

Das Erwecken der Kundalini führt auch zu einer sehr hohen Verbindungs-Genauigkeit, da nach dem Erwachen der Kundalini die gesamte Psyche von der Seele im Herzchakra aus gelenkt wird – was man dann als „Strahlen" erlebt. Diese Reinheit der Impulse, die durch keinerlei Blockaden behindert und verzerrt werden, erübrigt die Analogie-Genauigkeit, die in der willentlichen Magie so wichtig ist. Man ist stattdessen vom Herzen her auf das ausgerichtet, was dem eigenen Wesen entspricht.

Das Erwecken der Kundalini führt im Yoga zum Erwachen der Siddhis, d.h. zu der Erlangung der magischen Fähigkeiten. Dies liegt daran, daß die Lebenskraft nach dem Erwachen der Kundalini und der Auflösung aller Blockaden frei fließen kann. Das Erwecken der Kundalini ist die generelle Ermöglichung der Magie – die Konzentration und die Bindung sind eine spezielle Lösung in der Magie, wenn der Zugang zu der Selbstliebe schwer fällt und der Betreffende daher nicht einfach in seinem „Herz-

Strahlen" ruht.

Die Erweckung der Kundalini ist im tibetischen Buddhismus und im Yoga der früheren Mahasiddhis in Nordindien die Grundübung, auf der alle weiteren Fähigkeiten und Erlebnis-Möglichkeiten aufbauen.

Man kann sagen, daß durch das Erwecken der Kundalini die volle interne Beweglichkeit der Lebenskraft erlangt wird. Durch die Astralreise wird hingegen die volle externe Beweglichkeit der Lebenskraft erlangt – man kann mit seinem Lebenskraftkörper und dem eigenen Bewußtsein in ihm den eigenen physischen Leib zeitweilig verlassen.

Diese Beweglichkeit der Lebenskraft ermöglicht die Magie und diese Bewegungen der Lebenskraft bewirken die Magie. Die Erweckung der Kundalini ist daher die gründlichste Vorbereitung für das Ausüben von Magie – und sie ist sehr eine gründliche Methode, zu der Selbstliebe zurückzufinden, die die Quelle der mühelosen und formlosen Magie ist.

Da sowohl die Astralreise als auch die erwachte Kundalini eine Form der Beweglichkeit der Lebenskraft sind, ist es nicht verwunderlich, daß die Übungen zum Erlernen der Astralreise und zum Erwecken der Kundalini weitgehend dieselben sind. Das bedeutet, daß derjenige, der nach dem Erlernen einer dieser beiden Fähigkeiten strebt, meistens auch die andere dieser beiden Fähigkeiten entdeckt.

Diese Betrachtungen führen zu einer Beschreibung der Magie, die vor allem darin besteht, daß die äußere Welt dem Zustand der inneren Welt entspricht: Wenn man in der Selbstliebe ruht, organisiert sich das Leben von selber in einer freudevollen Weise. Diese Formulierung steht sehr nah an dem Satz „Materie ist die Außenseite der Welt – Bewußtsein ist die Innenseite der Welt." Es ist daher ausgesprochen wünschenswert herauszufinden, ob dieser Satz in dieser Form zutreffend ist oder nicht oder ob er vielleicht nur für eine bestimmte Gruppe von Phänomenen zutrifft.

Man kann sich z.B. fragen, ob das Erlebnis eines Krieges oder eines Konzentrationslagers für alle, die so etwas erleben, ein Spiegelbild ihres Inneren ist. Gibt es vielleicht mehrere Ebenen, auf denen solche Spiegelbilder entstehen: individuelle und kollektive Spiegelbilder, also die Spiegelung eines Einzelnen oder eines Volkes? Oder braucht eine innere Struktur eine gewisse Intensität, um zu einer äußeren Spiegelung zu führen?

Bei der letztgenannten Möglichkeit wäre die gesamte innere Struktur das, was eine Analogie im Außen hervorruft, und die „Intensität" würde der Konzentration in der Formel „Konzentration · Bindung = Lebenskraft-Fluß" entsprechen.

Eine ausführliche Beschreibung des Chakrensystems findet sich in meinem Buch „Das Chakrensystem mit den Nebenchakren". Die Kundalini und ihre Erweckung habe ich in dem Buch „Drachenfeuer" dargestellt.

9. f) Reiki und Vampire

Man könnte die Lebenskraft zunächst einmal als einen Aspekt des materiellen Körpers oder als etwas ähnliches ansehen. Dem widersprechen jedoch mehrere Phänomene. Zum einen ist die Astralreise durch das Prinzip „Materie ist die Außenseite der Welt – Bewußtsein ist die Innenseite der Welt." nicht erklärbar, und zum anderen kann die Lebenskraft auch von einem Menschen auf einen anderen übertragen werden.

Die freiwillige Form dieser Lebenskraft-Übertragung findet sich in der sehr alten Tradition des „Heilens durch Handauflegen", das heute vor allem in der Variante des „Reiki" bekannt ist. Die unfreiwillige Variante dieser Lebenskraft-Übertragungen ist der Lebenskraft-Vampirismus, bei dem man einem anderen Menschen (oft unbewußt) dessen Lebenskraft abzieht.

Diese zweite Möglichkeit habe ich während meiner Zeit als Zauberlehrling entdeckt, als mein Zauberlehrer bei unseren Treffen immer wieder nach etwa einer Stunde ganz müde wurde und fast einschlief, während ich gleichzeitig richtig munter und aktiv geworden bin. Als ich dann auf einmal ein heftiges Verlangen nach einer Flasche Bier bekam, bin ich stutzig geworden, da ich keinen Alkohol mag und mein Zauberlehrer jeden Abend ein paar Flaschen Bier getrunken hat. Offensichtlich habe ich ihm ungewollt einen Teil seiner Lebenskraft abgezogen, die natürlich seine ausgeprägte Neigung zum Bier als „Information" enthielt.

Als ich daraufhin darauf geachtet habe, keine Lebenskraft mehr von ihm abzuziehen, verschwand sowohl die Müdigkeit meines Zauberlehrers als auch mein Bierdurst.

Das „Bewegen der Lebenskraft", das sich in der willentlichen Magie aus der Konzentration und der Bindung ergibt, kann offensichtlich auch unbewußt ablaufen. Dabei tritt anscheinend an die Stelle der bewußten Konzentration ein unbewußtes Bedürfnis, das in dem geschilderten Fall vermutlich einfach meine Müdigkeit gewesen ist, die ich abmildern konnte, indem ich mir von meinem Zauberlehrer Lebenskraft geholt habe.

Alle Fälle von Lebenskraft-Übertragungen zwischen zwei Menschen oder einem Menschen und einem Tier, einer Pflanze, der Erde, der Sonne usw. sind Formen der Kontakt-Magie. Dabei gibt es sowohl die bewußte Form wie beim Reiki oder beim „Aufnehmen von Sonnen-Lebenskraft" als auch die unbewußte Form wie beim Lebenskraft-Vampirismus.

Oftmals sind auch zwei Menschen, die in einer Beziehung sind, durch eine „Lebenskraft-Nabelschnur" miteinander verbunden. Diese Nabelschnur ist sozusagen eine ständige Verbindung zwischen den beiden Menschen, die z.B. zwischen einer Mutter und ihrem Baby ausgesprochen nützlich ist, da die Mutter über diese ständige Verbindung telepathisch spürt, wenn mit ihrem Baby etwas nicht stimmt. Diese Art von Verbindung gibt es auch zwischen Ehepartnern und Liebespaaren.

Manchmal wird eine solche Lebenskraft-Nabelschnur jedoch auch dazu mißbraucht, um einem anderen Lebenskraft abzusaugen oder einen Menschen von sich selber abhängig zu machen. In einem solchen Fall ist es notwendig, diese Verbindung mit Enschlossenheit imaginativ zu durchtrennen.

9. g)   Zusammenfassung der bisherigen Ergebnisse

Bei dem bisherigen Versuch, die Magie-Formel zu finden, hat sich gezeigt, daß der Satz „Materie ist die Außenseite der Welt – Bewußtsein ist die Innenseite der Welt" eine gute Annäherung an die beobachteten Phänomene ist. Aus diesem Satz folgt, daß der äußere Zustand dem inneren Zustand entspricht. Daher ist der innere Zustand der uneingeschränkten Selbstliebe der Zustand, der das beste äußere Spiegelbild in der Welt hervorruft.

Die Formel „Konzentration · Bindung = Lebenskraft-Fluß" beschreibt die willentliche Magie, die ausgeübt wird, wenn man nicht von Selbstliebe erfüllt wird. Dabei wird die Gesamtwirkung eines Entschlusses von der Formel „Konzentration · Bindung + Konzentration · Taten = Gesamtwirkung" beschrieben.

In diesem Modell ist die Lebenskraft eine Art „magische Substanz" in allen Dingen, deren Bewegungen den magischen Wirkungen entsprechen.

Es bleiben jedoch offene Fragen, d.h. Phänomene, die dem hier zusammengefaßten Modell widersprechen. Insbesondere das Erlebnis der Astralreise und die Existenz von Geistern steht im Widerspruch zu dem Satz „Materie ist die Außenseite der Welt; Bewußtsein ist die Innenseite der Welt", da beide ohne einen materiellen Aspekt auskommen – zumindestens ist bei der Astralreise der Astralkörper nicht an demselben Ort wie der physische Leib, und der physische Leib eines Geistes, der noch an seinem früheren Wohnort spukt, hat gar keinen lebendigen Leib mehr.

Die Welt als Ganzes hat zwei Aspekte: 1. die kausalen Entwicklungen (Ursache und Wirkung) und 2. die magischen Verbindungen (Analogien). Beide ergeben gemeinsam ein Weltbild, in dem zum einen alle einzelnen Teile durch Analogien miteinander in Bezug stehen, und das sich zum anderen zeitlich-kausal weiterentwickelt. Beide Prinzipien beschreiben gemeinsam eine Welt, die sich wie ein Kaleidoskop oder ein bewegtes, wachsendes Mandala entfaltet.

9. h) Das Vorhersehen der Zukunft

Die Wahrnehmung der Zukunft ist ein weiteres Phänomen, das man bei der Entwicklung der Magie-Formel berücksichtigen sollte. Man könnte dies als „zeitliche Telepathie" bezeichnen – im Gegensatz zu der üblichen räumlichen Telepathie.

Diese Wahrnehmung gibt es sowohl in bewußter als auch in unbewußter Form und sowohl im Wachzustand als auch im Traum.

Das bewußte, absichtliche Erkennen der Zukunft fühlt sich an wie Erinnern – nur daß die Richtung dieses „Erinnerns" in die Zukunft weist.

Dieses Wahrnehmen der Zukunft steht im Widerspruch zu dem Kausalitätsprinzip – außer man geht davon aus, daß durch die Kausalität das gesamte Geschehen in der Welt bereits festgelegt ist.

Daraus ergeben sich wieder neue Fragen:

Kann man die Zukunft, die man gesehen hat, durch das so erworbene Wissen verändern?

Ist das Bewußtsein die Innenseite eines großen materiellen Bildes, in dem nicht nur die Vergangenheit, sondern auch die gesamte Zukunft bereits festliegt?

Was bedeutet diese Offenheit des Bewußtseins sowohl für die ferne Vergangenheit als auch für Zukunft im Hinblick auf solche Phänomene wie der Astralreise und den Geistern?

Ist die Lebenskraftkörper bei einer Astralreise bzw. der Lebenskraftkörpers eines Geister einfach zu einem anderen Zeitpunkt an seinen physischen Leib gekoppelt? Ist ein Geist noch immer die Innenseite des physischen Leibes eines Menschen und liegt nur der Bezug zu diesem Leib nicht in der Gegenwart, sondern in der Vergangenheit?

Wenn die Zeit nicht nur der Zeitpunkt oder der kontinuierliche Fluß ist, als der sie normalerweise erscheint, muß man möglicherweise auch magische Phänomene wie die Astralreise anders beschreiben als bisher üblich.

9. i) Lycopodium

„Lycopodium" ist der botanische Name des Bärlapps, der manchmal auch „Wolfs-fuß" genannt wird – „Lycopodium" ist die lateinischen Übersetzung von „Wolfsfuß".

Diese Pflanze existiert heute nur noch als kleines Kraut an Waldrändern, aber vor 200 Millionen Jahren bestand der größte Teil der damaligen Wälder aus Lycopodium-

Gewächsen. Aus diesen Pflanzen ist auch der größte Teil der Braunkohle-, Stein-kohle- und Erdöl-Vorkommen entstanden. Man könnte daher sagen, daß das Lycopo-dium heute nur noch dahinvegetiert, daß seine große Zeit lang vorüber ist und daß diese Pflanze auf den Massengräbern ihrer Vorfahren lebt.

Die homöopathische Wirkung des Mittels, das aus Lycopodium hergestellt wird, entspricht interessanterweise nicht den chemischen Inhaltsstoffen des Lycopodiums, sondern seiner Geschichte: Lycopodium-Globuli helfen Menschen, die zum einen sehr zäh sind, und zum anderen eine spezielle Form der Depression haben: Sie glauben, daß ihre große Zeit schon vorüber ist und daß sie nichts Wesentliches mehr erleben werden.

Das Lycopodium und vermutlich auch alle anderen Pflanzen scheinen daher so etwas wie ein Arten-Gedächtnis oder ein kollektives Gedächtnis zu haben.

Es gibt ein recht bekanntes und interessantes Pflanzenexperiment, bei dem man von zwei gleichen Pflanzen die eine beschimpft und bedroht und die andere lobt und ihr freundlich zuspricht – die Bedrohte geht ein und die Gelobte gedeiht. Dies ist eine Variante des „grünen Daumens".

Aus der Kombination dieser beiden Beobachtungen (Lycopodium-Globuli, Loben/ Bedrohen von Pflanzen) ergibt sich, daß die Pflanzen zum einen ein sehr weit zurück-reichendes Gedächtnis haben und daß sie zum anderen auch eine telepathische Wahr-nehmung der Gefühle von Menschen haben.

Wenn man nun aber Gedächtnis und Wahrnehmung kombiniert, erhält man ein Bewußtsein, das sich seiner eigenen Geschichte und daher auch seiner selbst sowie auch seiner Umwelt bewußt ist. Wie soll man ein solches Bewußtsein in den Pflanzen nennen? Am besten wohl Pflanzenelfe …

Die Schlußfolgerung, daß es Pflanzengeister gibt, die sich der Geschichte ihrer Pflanzenart bewußt sind, die Überlegungen zu den Astralreisen und zu den spukenden Geistern sowie die Möglichkeit, die Zukunft zu erkennen, ergeben ein erweitertes Bild von dem, was „Bewußtsein" ist:

Das Bewußtsein kann sich anscheinend räumlich von seinem Körper entfernen und sich auch zeitlich weit in die Vergangenheit hinein erstrecken und sich auch in die Zu-kunft hinein ausdehnen. Das Bewußtsein hat zwar stets einen materiellen Bezugs-punkt, aber dieser kann an einem anderen Ort liegen (Astralreise), er kann auch in der Vergangenheit liegen (Lycopodium) und es muß auch gar kein lebender Körper mehr vorhanden sein (Geister).

Wenn man von einem Bewußtsein ausgeht, das sich an andere Orte, in die Vergan-genheit und in die Zukunft hinein ausdehnen kann, kann man mit dem Satz „Materie ist die Außenseite der Welt – Bewußtsein ist die Innenseite der Welt" wieder wider-spruchsfrei die beobachteten Phänomene beschreiben.

9. j) homöopathische „Fossil-Mittel"

Es gibt einige homöopathische Mittel, die aus Fossilien von Tieren oder Pflanzen hergestellt worden sind, die heute garnicht mehr existieren wie Mammuts, Belemniten (Tintenfisch-ähnliche Tiere) oder Mayasaurier (Mayasaura lepidea).

In den Untersuchungen („Mittelprüfungen") über diese Mittel, bei denen von einer Gruppe von Homöopathen die Kügelchen mit der noch unbekannten Wirkung eingenommen worden sind und dann alle auftretenden Phänomene aufgeschrieben wurden, finden sich keine Besonderheiten, die auf einen prinzipiellen Unterschied zu den Mitteln hinweisen, die aus heute noch existieren Pflanzen oder Tieren hergestellt worden sind.

Anscheinend gilt hier dasselbe wie bei den Astralreisen, den Geistern und dem Lycopodium: Es muß irgendwann einmal ein physischer Körper existiert haben, aber der Ort und der Zeitpunkt, an dem dieser Leib existiert hat, ist ohne Bedeutung, da sich das Bewußtsein mit jedem Ort und mit jedem Zeitpunkt durch „räumlich-zeitliche Telepathie" verbinden kann.

9. k) Reinkarnation

Dasselbe wie für die Betrachtungen in dem vorigen Abschnitt gilt auch für die Reinkarnation. Diese Reinkarnation bedeutet, wenn man es einmal rein technisch formuliert, daß die Menschen prinzipiell in der Lage sind, sich an das Leben von Menschen in früheren Zeiten zu erinnern, und daß das Leben der derzeitigen Menschen wie eine Fortführung des Lebens eines Menschen aus der vergangenen Zeit erscheint.

Dies ist zum einen wieder „zeitliche Telepathie", aber zum anderen scheint auch eine kausale Verbindung zwischen diesen beiden Leben zu bestehen, die in Indien „Karma" genannt wird. Diese Verbindung scheint allerdings keinen moralischen Gesetzen zu folgen, sondern besteht eher darin, daß man erworbene Fähigkeiten, Freundschaften, aber auch unaufgelöste Traumata in das neue Leben mitnimmt.

Das, was bei der Reinkarnation im Vergleich zu der Astralreise, den Geistern und dem Lycopodium noch als neues Element hinzukommt, ist die Beobachtung, daß das Bewußtsein eines neugeborenen Menschen anscheinend an das Bewußtsein eines verstorbenen Menschen anschließen kann – wobei dies dem Betreffenden nicht bewußt sein muß.

Dieses Phänomen paßt in den Satz „Materie ist die Außenseite der Welt – Bewußtsein ist die Innenseite der Welt", wenn man davon ausgeht, daß sich das Bewußtsein beliebig in Raum und Zeit ausdehnen kann. Diese Ausdehnung ist in der Regel allerdings nur dann bewußt, wenn man dies ausreichend geübt hat. Aber es kommen auch spontane Astralreisen, Erinnerungen an frühere Leben, Wahrnehmungen der Zukunft usw. vor.

Spukende Geister und die Reinkarnation sind sehr ähnliche Phänomene: In beiden Fällen besteht der Charakter des Verstorbenen weiter – bei dem spukenden Geist vermutlich als dessen Lebenskraftkörper. Der Geist des Toten, der sich reinkarniert, ist für die Lebenden weitestgehend unsichtbar, während der spukende Geist sich sozusagen verirrt hat und in der Nähe der Lebenden geblieben ist.

Die Möglichkeit, zu den Toten Kontakt aufzunehmen und sie um Rat und Hilfe zu bitten, hat den Ahnenkult, den Spiritismus, den Schamanismus und viele ähnliche Dinge entstehen lassen. Diese sehr alten Traditionen, die noch aus der Altsteinzeit stammen, sind vor allem durch das Christentum verteufelt und verdrängt worden, da der konkrete tote Vater im Jenseits die größte Konkurrenz für den einen Gott Vater im Himmel(-sjenseits) gewesen ist.

Das komplexe Thema der Reinkarnation habe ich in meinem Buch „Reinkarnation" ausführlich beschrieben.

Für das Thema in diesem Buch reicht die Feststellung aus, daß die Reinkarnation im Einklang mit dem erweiterten Magie-Satz steht: „Materie ist die Außenseite der Welt – Bewußtsein ist die Innenseite der Welt und kann sich an jeden Ort und an jeden Zeitpunkt hin ausdehnen".

9. l) Götter und Geister

Bei den Gottheiten stellt sich dasselbe Problem wie bei der Astralreise, bei den Geistern, bei der Reinkarnation und beim Lycopodium: Sie haben ein Bewußtsein – aber haben sie auch einen Körper?

Ein Geist hat bis zu seinem Tod einen physischen Leib gehabt, das Lycopodium existiert noch als kleines Kraut, die sich reinkarnierende Seele nimmt immer wieder einen neuen Körper an – aber was ist der Körper einer Gottheit?

Der physische Leib des Einen Gottes wird die gesamte Welt sein. Der Leib der Planetengötter sind die Planeten. Der Leib von solchen Gottheiten wie Pan, dem Teufel, den Zentauren u.ä. Herdentier-Mensch-Mischwesen geht auf die Ahnen im Jenseits zurück, die in den alten Mythen auf dem Weg ins Jenseits die Gestalt eines solchen Herdentieres annahmen. So gut wie alle Götterväter gehen auf einen Sonnengott und einen Urahn zurück. Die Muttergöttin ist das Urbild aller Mütter. Der weltweit vorkommende Korngott geht ebenfalls auf einen Urahn zurück, mit dem das Getreide in einer Analogie verbunden worden ist (Aussaat = Zeugung; Keimen = Geburt; Wachstum = Leben; Ernte = Tod; Lagerung = Aufenthalt im Jenseits).

Der Körper der Gottheiten ist in der Regel kein individueller Mensch oder ein bestimmtes Tier, das einst gelebt hat – der Körper einer Gottheit ist eher die Gesamtheit der Mütter, die Sonne, das Getreide, die Gesamtheit der Wölfe oder der Lycopodium-Pflanzen usw. Die Körper der Gottheiten sind also eher sehr große, beständige Dinge oder Kollektive wie eine Tier- oder Pflanzenart.

Im Gegensatz dazu gehen Religionsgründer wie Christus, Buddha, Jaina, Zarathustra usw. auf konkrete Menschen zurück, die einst gelebt haben. Auch spätere Vertreter einer bestimmten Religion wie z.B. die christlichen Heiligen sind konkrete Menschen gewesen. In vielen Fällen hat sich jedoch mit diesen konkreten Menschen ein Urbild, also kollektive Erinnerungen wie z.B. die Mythe vom abendlichen Tod und der morgendlichen Wiedergeburt der Sonne verbunden.

Zunächst einmal kann man feststellen, daß sich das Wesen der Gottheiten in den Magie-Satz widerspruchsfrei einfügt: „Materie ist die Außenseite der Welt – Bewußtsein ist die Innenseite der Welt und kann sich an jeden Ort und an jeden Zeitpunkt hin ausdehnen".

Ob man mit diesem Satz das Wesen einer Gottheit schon ausreichend erfaßt hat, ist jedoch zumindestens fraglich.

9. m) Materialisierungen

Materialisierungen sind vermutlich das magische Phänomen, das am heftigsten an dem heute meistens üblichen naturwissenschaftlichen Weltbild rütteln kann.

Bei spiritistischen Sitzungen sind Materialisierungen ein recht häufiges Phänomen – meistens erscheinen auf dem Tisch zwischen den Teilnehmern Schokoladetafeln und ähnliche ganz normale Dinge. Auch bei Wicca-Ritualen kommt es vor, daß plötzlich etwas auf dem Altar liegt, was vorher nicht dort gelegen hat.

Ich selber habe vor ungefähr 15 Jahren einmal eine Materialisierung erlebt, die ich etwas ausführlicher erzählen möchte, da die Einzelheiten dieses Erlebnisses für die Frage nach der Magie-Formel recht interessant sind.

Die Geschichte begann damit, daß ich auf der kanarischen Insel La Palma gewandert bin und das Bedürfnis bekommen hatte, mal wieder eine Halskette zu tragen. Ich habe mich gefragt, welche Kette die richtige wäre – der Kettenanhänger müßte mein eigenes Wesen widerspiegeln und sie müßte aus Gold sein und der Kettenanhänger nicht allzugroß.

Als ich an den Strand gekommen bin, habe ich mich auf einen Felsen gesetzt, der gut einen Meter hoch war und an den unten manchmal die Wellen anschlugen. Nachdem ich dort so eine Weile gesessen hatte, kam auf einmal eine hohe Welle, die bis zu mir heraufwogte. Da sah ich in der Gischt auf dem Felsen zwischen meinen Füßen etwas Goldenes blinken und habe schnell zugegriffen.

Es war eine goldene, kunstvoll gedrehte Kette mit einem goldenen Christus als Anhänger, der seine Arme wie bei einer Anrufung erhoben hatte – er hing jedoch nicht am Kreuz (was ich überhaupt nicht mag). Ich wußte nicht mehr, was ich sagen sollte, als mir klar wurde, daß ich da genau die Kette in meinem Händen hielt, die ich mir kurz vorher gewünscht hatte – und daß das Meer sie mir mit einer hohen Woge zugeworfen hatte …

Als ich wenig später meine Freundin angerufen habe, hat sie mir erzählt, daß sie zu derselben Zeit, zu der ich die Kette gefunden habe, in einem Antiquitätenladen spontan ein großes Wandbild von Christus gekauft hat – und Christus ist sonst nie ein großes Thema in unseren Gesprächen gewesen.

Ca. ein Jahr später habe ich eine größere Krise gehabt und habe mich gefragt, wie es jetzt nur weitergehen soll. Schließlich bin ich zu dem Schluß gekommen, daß ich wirklich restlos alles loslassen muß, damit sich das, was ich eigentlich bin, zeigen kann. Zu der Zeit bin ich in Offenburg zu Besuch gewesen. Ich stand gerade an einem Kreisel in der Mitte einer Kreuzung, wobei dieser Kreisel als Fußgängerüberweg eingerichtet gewesen ist – man konnte von allen Seiten her in die Mitte gehen und von dort aus dann dorthin, wo man hinwollte. Dieser kleine kreisförmige Platz in der Mitte des Kreisels ist ringsum von ungefähr acht etwa mannshohen aufrechten Steinen umgeben – ein „Mini-Stonehenge". Da bin ich zu einem dieser Steine gegangen und habe mich vor ihn hingehockt und habe meine goldene Christus-Kette aus La Palma und meine silberne Drachen-Kette, die ich damals beide ständig getragen habe, ausgezogen und vor den Stein auf die Erde gelegt und gesagt: „Für den, für den sie bestimmt sind." Dann habe ich sie noch kurz angeschaut und bin dann fortgegangen.

Ca. drei Monate später bin ich von Freiburg nach Bonn unterwegs gewesen und hatte auf dem Bahnhof von Offenburg eineinhalb Stunden Aufenthalt. Irgendetwas zog mich zu dem Steinkreis-Kreisel und obwohl ich mir gesagt habe, daß es albern und sentimental ist, an meine beiden Ketten zu denken, bin ich dem Impuls gefolgt und dorthin gegangen. Als ich dort ankam, habe ich mich vor den Stein gehockt, an dem ich meine beiden Ketten niedergelegt hatte. Natürlich waren sie nicht mehr da – Gold und Silber bleiben auf einem belebten öffentlichen Platz nicht lange liegen …

Ich war ein bißchen traurig darüber, daß ich die beiden Ketten nicht mehr hatte. Als ich dann aufstehen und wieder gehen wollte, habe ich noch einmal an den Fuß des Steins geschaut – und auf einmal lagen dort wieder meine beiden Ketten. Ich kann kaum beschreiben, wie sich das angefühlt hat. Das war eigentlich nicht möglich – das war wirklich Magie oder etwas noch größeres.

Entweder hatten sich die beiden Ketten gerade wieder materialisiert (und vorher „entmaterialisiert") oder die beiden Ketten sind drei Monate lang unsichtbar gewesen. Die Materialisierung erscheint mir wahrscheinlicher, da der Platz sehr sauber war und offensichtlich regelmäßig gekehrt und alles Unkraut u.ä. entfernt wurde.

Etwas Ähnliches habe ich etliche Jahre vorher erlebt, als mein Zauberlehrer mit mir einmal einen Geist beschworen hat. Beim Sprechen der Beschwörungsformel scheint etwas Unsichtbares gegen eine Kerze in einem Wandhalter geschlagen zu haben – auf jeden Fall flog die Kerze quer durchs Zimmer. Ob dies der Geist gewesen ist oder eine Form von Telekinese, kann ich nicht beurteilen.

Bei den meisten der bisher in diesem Buch betrachteten Formen der Magie geht es um das Erlangen von Informationen (Telepathie), um die Beständigkeit von Informationen über den Tod hinaus (Reinkarnation), um Analogie-Muster (Astrologie), um das Verbinden mit einer Information (Homöopathie), um das Erzeugen sinnvoller Zufälle u.ä. Lediglich bei der Telekinese wirkt das Bewußtsein direkt auf die Materie ein und bewegt sie. Aber was geschieht eigentlich bei einer De-Materialisierung und einer Re-Materialisierung?

Dabei gestaltet das Bewußtsein nicht nur die Bewegungen von Informationen und von Gegenständen, sondern es läßt Gegenstände (ins Nichts?) verschwinden und wieder (aus dem Nichts?) auftauchen. Wohin sind diese Dinge gegangen und woher sind sie wiedergekommen? Stammt die Schokolade, die sich bei einer spiritistischen Sitzung materialisiert, aus dem „Nichts" oder aus dem Supermarkt im Nachbardorf? Ist diese Schokolade eine Materialsierung oder eine Teleportation?

Es fällt auf, daß die drei Vorfälle von Materialisierungen, die ich entweder selber erlebt habe oder die ich von Menschen, die sich sehr gut kenne, erzählt bekommen habe, in einem religiösen Zusammenhang stehen: die Christus-Kette und die Drachen-Kette, die Schokolade der Spiritisten und die langen, schwarzen Haare auf dem Wicca-Altar. Sind Materialisierungen eine Form der Magie, die die Beteiligung von Gottheiten erfordert?

Wenn man sich die Geschichten von Heiligen, Yogis, Schamanen u.ä. Personen durchliest, fällt auf, daß die größeren Formen der Magie wie das Teilen des Roten Meeres, die Levitation (Schweben des physischen Körpers), die Bilokation (Auftreten an zwei Orten gleichzeitig), das Entzünden eines feuchten Holzstapels durch ein Gebet (Elias) und ähnliches immer im Zusammenhang mit Menschen auftritt, die fest in einer Religion verankert gewesen sind und vollkommen auf einen Gott vertraut haben.

Es fällt weiterhin auf, daß diesen „Wundern" keine langen und komplexen Rituale oder große Bewußtseins-Anstrengungen vorausgehen. Selbst in den Berichten, in denen Christus, Elias, Milarepa oder andere Magier-Mystiker Tote auferweckt haben, sind die Handlungen, die dazu geführt haben, sehr schlicht und bestehen meistens nur aus einer kurzen Aufforderung an den Toten und eine Berührung von dessen Leib.

Es handelt sich hier also auf keinen Fall um eine Willens-Magie, die die Formel

„Konzentration · Bindung = Lebenskraft-Fluß" benutzt. Es hat den Anschein, als ob diese „Wunder" auch mehr wären als nur die Magie, die entsteht, wenn jemand ganz in seiner Selbstliebe ruht. Das wesentliche Element scheint die Verbindung mit einer Gottheit oder mit Gott zu sein. Mit dieser Verbindung scheint ein unerschütterliches Vertrauen verbunden zu sein: Christus hat sich bei Gott bedankt, <u>bevor</u> er den schon teilweise verwesten Lazarus aus dem Tod zurückgeholt hat – er hat sich nicht erst <u>nach</u> der erfolgreichen Erweckung des Lazarus bei Gott für seine Hilfe bedankt.

Um festzustellen, ob bestimmte Formen der Magie nur von Gottheiten oder nur zusammen mit Gottheiten ausgeübt werden können, wäre es nötig, eine größere Anzahl von heutigen Fällen von „außergewöhnlicher Magie" genauer zu untersuchen – leider ist es ausgesprochen schwierig, an verläßliche Berichte zu kommen.

Bei den erhalten Berichten aus früherer Zeit tritt die „außergewöhnliche Magie" nur bei Menschen in religiösen Zusammenhängen auf: christliche Heilige, islamische Sufis, buddhistische und hindhuistische Yogis, jüdische Propheten, altägyptische Priester, hethitische Priesterinnen u.ä.

Es läßt sich nicht ganz ausschließen, daß diese Beobachtung daran liegt, daß nur die größeren Religionen eine ältere schriftliche Überlieferung haben – aber da nirgendwo der Fall eines nicht mit einer Gottheit verbundenen Magiers oder einer solchen Zauberin beschrieben wird, der oder die „außergewöhnliche Magie" vollbracht hat, ist es doch recht wahrscheinlich, daß für solche „Wunder" eine Gottheit notwendig ist.

Es fällt auch auf, daß die Art der Wunder in den verschiedenen Religionen vom Alten Ägypten bis hin zum Islam weitgehend dieselben sind. Über die Wundertaten der islamischen Sufis ist wenig bekannt, da sie vermeiden, daß diese Wunder herumerzählt werden. In der folgenden Aufstellung sind viele Wunder aus dem christlichen Bereich aufgeführt – allerdings nur deshalb, weil diese Wunder in unserer Kultur bekannter und daher vertrauter sind. Es gibt genauso in anderen Kulturen eine Fülle an Wundern – so sind Wunder z.B. in den Berichten über die indischen Yogis etwas völlig Normales.

Die folgende Liste ist auch keineswegs vollständig, sondern soll vor allem einen Eindruck über die Möglichkeiten geben. Diese Wunder sind:

Materialisierungen

- die Speisung einer großen Zahl von Menschen mit einer sehr geringen Menge an Broten und Fischen (Christus),
- das Herbeirufen von Regen (Elia, die Regenzauberer in vielen Kulturen),
- die Vermehrung von Broten (Elisa),
- die Vermehrung von einem Krug Öl in viele Krüge Öl (Elisa),
- Fleisch und Brot vom Himmel regnen lassen (Mose),
- das Hervorspringenlassen von Quellen (Mose, Heilige, Baldur);

Verwandlungen

- die Verwandlung von giftigem Wasser in gesundes Wasser und von giftiger Speise in gesunde Speise (Elisa),
- die Verwandlung einer Substanz in eine andere (Wasser in Wein),
- die Verwandlung eines Stabes in eine Schlange (Mose und Aaron),
- die Heilung von Krankheiten (Elisa),
- die Auferweckung von Toten (Elisa, Christus, Milarepa),
- das Zerstückeln und Wiederbeleben von Tieren und teilweise auch von Menschen (Hethiter (Medea), Ägypter u.a.);

Schweben, Feuerfestigkeit u.ä.

- das physische Schweben des eigenen Körpers („Levitation": Heilige, Yogis, Buddhisten, Bön-Priester, Druiden, Hexen u.a.),
- das Schwimmenlassen von Eisen in Wasser (Elisa),
- Feuerläufe (in vielen Kulturen);
- das unverletzte Tauchen der Hände in siedendes Öl als Gottesurteil (Gudrun u.a.).
- die Teilung des Roten Meeres (Mose),
- die Teilung des Jordans (Elia, Elisa),
- des Herabrufen von Feuer zum Entzünden eines nassen Holzstoßes (Elia);

Flüche

- Verfluchungen (Elia, Elisa, Mose, Christus, Magier des Pharaos, Druiden, germanische Zauberinnen u.a.),
- die Verfluchung von ganzen feindlichen Heeren (Elisa, Druiden).

Das einzige dieser Phänomene, bei dem die Naturgesetze außer Kraft gesetzt werden, aber keine Gottheit angerufen wird, sind die Feuerläufe.

9. n) Superstrings

In der derzeitigen Physik werden alle Elementarteilchen und alle Energiequanten als Superstrings beschrieben, also als schwingende Kreise, die auf einer Zwölferteilung aufbauen.

Ein Superstring ist also zunächst einmal ein Kreis (siehe nächste Seite Bild 1). Wenn man einen solchen Kreis darstellt, während er sich durch die Zeit bewegt (was ja alle Teilchen tun), wird aus dem Kreis eine Röhre (Bild 2).

Wenn ein Teilchen in zwei andere Teilchen zerfällt, also z.B. ein Neutron in ein Proton und ein Elektron, dann teilt sich die Superstring-Röhre des Neutrons in die Superstring-Röhre des Protons und in die Superstring-Röhre des Elektrons auf. Es entsteht also sozusagen ein „Röhrensystem" (Bild 3).

Auch wenn eine Kraft zwischen zwei Teilchen wirkt, also z.B. die elektro-magnetische Anziehung zwischen einem positiv geladenen Proton und einem negativ geladenen Elektron, ist dies ein „Röhrensystem": von dem Proton-Superstring zweigt ein Photon-Superstring (elektro-magnetische Anziehung) ab und führt zu dem Elektron-Superstring hinüber (Bild 4).

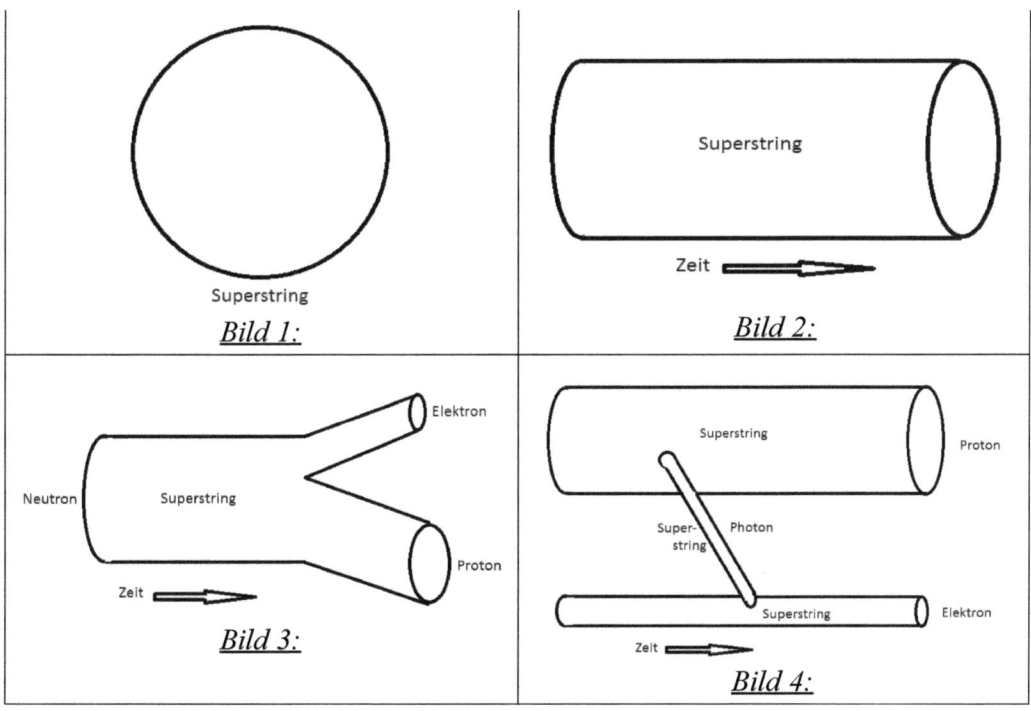

Superstring

Bild 1:

Superstring

Zeit

Bild 2:

Neutron   Superstring   Elektron   Proton

Zeit

Bild 3:

Superstring   Proton   Super-string   Photon   Superstring   Elektron

Zeit

Bild 4:

Das interessante an dieser Darstellung ist, daß sie deutlich macht, daß die gesamte Welt ein solches Röhrensystem aus Superstrings ist.

Das bedeutet, daß alles mit allem verbunden ist und daß letztlich die gesamte Welt ein einziges riesiges Röhrensystem ist, in dem jedes Teilchen und jeder Energiequant eine Röhre ist. Alles ist von überall her erreichbar.

Wenn man zusätzlich noch von der Annahme ausgeht, daß sich das Bewußtsein an ferne Ort sowie in die Vergangenheit und in die Zukunft hinein ausdehnen kann, ist dieses Röhrensystem der Weg, auf dem sich das Bewußtsein an jeden Ort, den es aufsuchen will, bewegen kann – und es kann zu diesem Ort zu jeder gewünschten Zeit in Gegenwart, Vergangenheit und Zukunft gehen.

Zudem gibt es in dieser Darstellung ein Innen in den Röhren und ein Außen außerhalb der Röhren. Es ist zwar recht bildhaft-symbolisch gedacht, aber man kann das Innen dieser Röhren als das Bewußtsein und das Außen dieser Röhren als die Materie ansehen. Das Bewußtsein hat somit die Möglichkeit, sich durch das Röhrensystem an jeden anderen Ort hin auszuweiten und dort zu handeln – schließlich ist das Bewußtsein die Innenseite von Röhren, deren Außenseite die Materie ist.

Es ist zwar keineswegs sicher, daß diese Beschreibung in dieser Form tatsächlich zutrifft, aber sie paßt auf jeden Fall mühelos zu der bisherigen Beschreibung der Magie.

9. o)   Licht

Eine ähnliche Betrachtung wie zu den Superstrings kann man auch zum Licht anstellen. Wie bei den Superstrings ist auch dies nur eine „Plausibilitäts-Überlegung" und kein Beweis für die Richtigkeit der in den vorigen Abschnitten entwickelten Beschreibung der Magie. Aber es hat ja auch schon einen Wert, wenn man sehen kann, daß etwas widerspruchsfrei zusammenpaßt.

In Bezug auf das Licht gibt es zwei Überlegungen, die im Zusammenhang mit den magischen Phänomenen interessant sind.

Aus Einsteins Relativitäts-Theorie ergibt sich, daß keine Masse die Lichtgeschwindigkeit erreichen kann. Dies liegt daran, daß für diese Beschleunigung unendlich viel Energie benötigt werden würde.

Bei einer solchen Beschleunigung tritt ein ungewöhnlicher Effekt auf: Für eine Masse mit einer sehr hohen Geschwindigkeit vergeht relativ zu einer ruhenden Masse weniger Zeit. Je höher die Geschwindigkeit, desto weniger Zeit vergeht – Bewegung hält jung …

Da die Lichtgeschwindigkeit selber von einer Masse nicht erreicht werden kann, vergeht für eine Masse in der Nähe der Lichtgeschwindigkeit kaum noch Zeit.

Energiequanten wie Photonen hingegen bewegen sich immer mit Lichtgeschwindigkeit. Da die Energiequanten die Einheiten der Kräfte sind, die zwischen den Masseteilchen wirken, sorgt die Geschwindigkeitsbegrenzung der Masseteilchen auf „unter Lichtgeschwindigkeit" dafür, daß die Masseteilchen nicht den Kräften (Energiequanten) davonfliegen können. Wenn eine Masse schneller als das Licht fliegen würde, könnten keine Kräfte mehr auf diese Masse einwirken – weder die elektromagnetische Anziehung noch die Gravitation und auch nicht die Farbkraft in den Atomkernen. Die Energiequanten müssen sich immer schneller bewegen können als die Masse-Teilchen, da sonst die Welt auseinanderfallen würde.

Eine interessante Frage ist, was das Lichtgeschwindigkeitslimit eigentlich für die Energiequanten selber bedeutet. Wenn für ein Masseteilchen immer weniger Zeit vergeht, wenn sich ihre Geschwindigkeit der Lichtgeschwindigkeit annähert, bedeutet das dann, daß für die Energiequanten, die sich alle mit Lichtgeschwindigkeit bewegen, in gewisser Weise keine Zeit mehr vergeht?

Das ist jetzt zwar teilweise bildhaft argumentiert, aber es ist ein Bild, das gut zu der Möglichkeit des Bewußtseins, sich auch in der Zeit auszudehnen und Zukünftiges und auch längst Vergangenes wahrzunehmen, paßt.

Das hier entworfene Bild der Welt besteht aus den Masse-Teilchen, die sich in zeitlichen Abläufen bewegen, und den Energiequanten, die gewissermaßen zeitlos sind.

Wie gesagt, ist dies keineswegs ein schlüssiger Beweis, aber es ist immerhin eine Beschreibung, die zeigt, daß die Annahmen, daß das Bewußtsein die Innenseite der Welt und die Materie die Außenseite der Welt ist, richtig sein könnte, denn aus dieser Annahme ergibt sich, daß sich der Aspekt des Vorhersehens der Zukunft in irgendeiner Weise auch in der Physik widerspiegeln muß – was in diesem Bild der Fall ist.

Zu einem ganz ähnlichen Ergebnis kommt man, wenn man bedenkt, daß sich aus der Relativitätstheorie auch ergibt, daß Raum und Zeit nicht voneinander getrennt sind, sondern ein Kontinuum bilden. Eine Auswirkung dieser festen Verknüpfung von Raum und Zeit ist der eben beschriebene Effekt, daß für eine Masse, die immer schneller wird, relativ zu ruhenden Dingen immer weniger Zeit vergeht.

Da Raum und Zeit nicht voneinander getrennt sind, sondern ein Kontinuum bilden, also sozusagen einen Raum, der noch eine vierte Achse neben „Länge", „Breite" und „Höhe" hat, sollte man sich nicht nur im Raum, sondern auch in der Zeit bewegen können. Man kann sich gewissermaßen aussuchen, ob man sich räumlich oder zeitlich bewegen will.

Dies entspricht wiederum der Möglichkeit, die Zukunft sehen zu können – oder eben auch längst vergangene Ereignisse.

Diese feste Koppelung von Raum und Zeit ist auch eine Entsprechung zu der Astralreise, zu den Geistern, zu der Wirkung von homöopathischen Kügelchen, die aus Fossilien hergestellt worden sind, dem Bewußtsein der Pflanzen über ihre eigene Geschichte (Lycopodium) und ähnliche magische Phänomene, bei denen sich das Bewußtsein innerhalb der Zeit entweder in die Vergangenheit oder in die Zukunft hinein ausdehnt.

Eine zweite Überlegung setzt an dem Superstring-Modell an, das die Welt als ein komplexes System von Superstring-Röhren beschreibt.

In diesem Modell besteht zwar alles aus diesen Superstring-Röhren und jede Masseteilchen-Röhre ist durch Energiequanten-Röhren (Kräfte) mit anderen Maaseteilchen-Röhrchen verbunden, aber es gibt auch deutliche Unterschiede in Bezug auf diese Energiequanten-Röhren.

In der Welt sind alle Dinge durch die Gravitation miteinander verbunden – es gibt nichts, worauf die Schwerkraft nicht wirkt – selbst auf einen Lichtstrahl, der selber nur aus Energiequanten besteht, wirkt die Gravitation. Die Superstring-Röhren der Gravitation bilden folglich ein Geflecht, daß alle Dinge in der Welt miteinander verbindet. Die Gravitation hat zudem eine unendliche Reichweite, d.h. ihre Superstringröhren erstrecken sich bis in den letzten Winkel des Kosmos.

Die elektro-magnetische Anziehung gibt es nur zwischen elektrisch geladenen Teilchen. Die Energiequanten dieser Kraft sind die Photonen, also das Licht. Auch diese Energiequanten-Röhren erstrecken sich unendlich weit – ein Lichtstrahl fliegt immer weiter bis er auf einen Gegenstand trifft.

Wenn man schaut, wo es besonders viele Photonen gibt, stößt man zum einen auf die Sterne (Sonnen), wo Licht in großen Mengen entsteht, aber zum anderen auch auf die Lebewesen, in denen die Atome und Moleküle und Zellen durch die elektro-magnetische Anziehung zusammengehalten werden. Jede chemische Bindung und jeder biologische Zusammenhalt ist letztlich eine elektromagnetische Anziehung.

Das bedeutet, daß Lebewesen in ihrem Inneren durch Photonen, also durch die Energiequanten der elektro-magnetischen Kraft zusammengehalten werden. Das wiederum bedeutet, daß alle lebendigen Körper wie Menschen, Tiere und Pflanzen in gewisser Weise leuchten. Die hellsichtige Wahrnehmung eines Menschen wird weltweit und auch schon in den frühesten Schriften als ein milchigweißen Leuchten beschrieben.

Es hat den Anschein, als ob die Photonen, die die Atome, Moleküle und Zellen der Lebewesen zusammenhalten, die Außenseite dessen sein könnten, was man vom Bewußtsein her, also von der Innenseite her als die Lebenskraft wahrnimmt.

Auch das ist jetzt bei weitem kein unumstößlicher Beweis für die Richtigkeit des Lebenskraft-Modells, aber es ist immerhin eine Betrachtung, die zeigt, daß sich die bisher betrachteten Phänomene zu einem Gesamtbild zusammenfügen und daß sie durch die in diesem Buch entwickelte Beschreibung der magischen Phänomene beschrieben werden können.

9. p) Kollektive Telepathie

Eine weitere praktische Anwendung dieser Möglichkeit, „in der Zeit zu reisen", sind die Familienaufstellungen. Dies ist eine psychologisch-magische Methode, bei der eine Situation aus dem Leben eines Teilnehmers ausgewählt wird (meistens in einer Familie), der diese Situation verändern will. Dann werden andere Teilnehmer ausgewählt, die die Rolle der einzelnen Personen in der zu heilenden Situation übernehmen. Das Erstaunliche an dieser Methode ist, daß sich die „Schauspieler", obwohl so so gut wie nichts über die Personen wissen, die sie verkörpern, sich auf einmal genau so wie diese Personen verhalten und sehr oft auch plötzlich Dinge aus dem Leben dieser Person wissen. Man kann diesen Vorgang am einfachsten als „kollektive Telepathie" beschreiben.

9. q) Bewußtseinsschwellen

Wenn man an das Bewußtsein denkt, denkt man in der Regel zuerst einmal an die Bewußtseinsinhalte – ich denke, ich fühle, ich will etwas, ich habe ein inneres Bild vor mir usw.

Es gibt jedoch auch das Bewußtsein an sich, also die Leinwand, auf der die Gedanken, Gefühle, Bilder usw. erscheinen. Es gibt mehrere Formen der Meditation, die darauf abzielen, in den Zustand der innere Stille zu gelangen, in der nur noch das Bewußtsein selber da ist, das sich seiner selber bewußt ist ohne an irgendetwas zu denken, etwas zu fühlen oder innerlich zu sehen.
Auch wenn dieser Zustand „leer" ist, ist er sehr erfüllend, da man sich selber sehr viel intensiver als im Normalzustand spürt. Mit diesem „sich selber spüren" ist jetzt aber kein Nachdenken über sich selber o.ä. gemeint, sondern eher eine Bewußtseinsintensität, die man als Wärme, Geborgenheit, Erfülltsein und als ein leises Lächeln erlebt. Dieses Bewußtsein ist auch die Quelle für das Lächeln des Buddha.

Neben dem Bewußtsein selber und seinen Inhalten gibt es im Bewußtsein noch ein drittes Element: die Bewußtseinsschwellen.
Sie werden z.B. deutlich, wenn man sich an einen Namen zu erinnern versucht und eine Weile braucht, bis er einem wieder einfällt.
Auch bei der Telepathie überschreitet man eine solche Bewußtseinsschwelle: Man weitet das eigene Bewußtsein auf den Menschen, den Gegenstand oder die Situation aus, die man erkennen will.

Dasselbe gilt für die Telekinese, bei der man sein Bewußtsein auf den Gegenstand ausweitet, den man bewegen will – wobei das Bewußtsein offenbar eine Kraft ausübt.

Eine andere Schwelle überschreitet man, wenn man in die Zukunft schaut oder wenn man in die Vergangenheit schaut, um etwas herauszufinden, was früher einmal geschehen ist.

Auch die weiter oben schon beschriebenen fünf Ebenen der Magie sind durch solche Schwellen getrennt: die Schwelle zwischen Körper und Psyche, zwischen Psyche und Seele, zwischen Seele und Gottheit, und zwischen Gottheit und Gott. Daraus ergibt sich, daß die Art der Magie, die man ausüben kann, auch davon abhängt, welche Bewußtseinschwellen man überschreiten kann:

> Wenn man weitestgehend reflexhaft lebt und sich seiner eigenen Psyche nicht bewußt ist, kann man so gut wie keine Magie bewirken.

> Wenn man sich seiner Psyche bewußt geworden ist und sich um ihre Heilung bemüht, kann man die Willens-Magie ausüben, in der durch Konzentration und Bindung die Lebenskraft bewegt wird.

> Wenn man seine Psyche weitgehend geheilt hat oder durch Meditationen u.ä. den Zugang zu seiner Mitte, d.h. zu der eigenen Seele erlangt hat, beginnt man das eigene Leben durch die Selbstliebe-Magie zu gestalten. Dann beginnt das „Strahlen".

> Wenn man mit der eigenen Seele vertraut geworden ist und so sehr in sich selber ruht und sich seiner eigenen Qualität so gewiß geworden ist, daß man die eigenen Grenzen nicht mehr braucht, um sich selber zu definieren, kann man sich dem grenzenlosen Wesen der Gottheiten öffnen. Dann beginnt die „außergewöhnliche Magie" – die „Wunder".

> Schließlich gibt es dann noch eine Bewußtseinsschwelle, die zu dem Einen Gott führt. Das Überschreiten dieser Grenze ist vermutlich ein allumfassendes „Ja".

Die Bereiche, die durch diese Bewußtseinschwellen voneinander getrennt werden, zeigen sich auch in den Frequenzen der Hirnströme wieder, die man durch ein EEG messen kann:

> Das normale Wachbewußtsein, das der Konzentration auf den Körper entspricht, hat eine Frequenz von 8-16Hz. Dies ist das Bewußtsein, in dem keine Magie geschieht.

Das Unterbewußtsein, also das Traumbewußtsein hat eine Frequenz von 4-8Hz, also eine halb so große Frequenz. Dies ist das Bewußtsein, in das hinein sich das Wachbewußtsein bei der Willens-Magie ausdehnt.

Die Frequenz des Tiefschlafs, die der Stille-Meditation und somit der Seele entspricht, hat wiederum eine halb so große Frequenz: 2-4Hz. Diesem Zustand entspricht die von Selbstliebe gelenkte Magie.

Man kann zumindestens vermuten, daß man in dem Zustand, in dem man Kontakt zu einer Gottheit hat, nur noch eine EEG-Frequenz von 1-2Hz hat – aber dieser Zustand ist selten und gehört nicht mehr zu den „normalen Zuständen" wie Wachen, Träumen und Tiefschlaf. Daher ist er bisher noch nicht gemessen worden oder zumindestens nur so selten, daß er nicht in den Beschreibungen der EEG-Kurven vorkommt. Zu diesem Zustand gehört die „Gottheiten-Magie".

Man kann nun noch den vermuteten „Gottes-Zustand" hinzunehmen. Dieser Zustand wird vor allem in den Schriften von Yogis und Mystikern beschrieben. Vermutlich hat er eine EEG-Frequenz von 0,5-1Hz.

Die Folge „Wachzustand – Traumzustand – Tiefschlaf – Gottheiten-Zustand – Gottes-Zustand" ist eine zunehmende Vertiefung der Meditation, die mit einer schrittweisen Halbierung der EEG-Frequenz einhergeht.
Es gibt jedoch auch noch eine zweite Richtung, in der die Frequenz verdoppelt wird: der Ekstasezustand hat eine Frequenz von 16-32Hz. Diese Zustand kann durch Angst, Schmerz, aber auch durch einen Orgasmus oder eine religiös-magische Ekstase ausgelöst werden.

9. r) Zusammenfassung

Aus den bisherigen Betrachtungen ergibt sich, daß die Magie sich am besten dadurch beschreiben läßt, daß das Bewußtsein die Innenseite der Welt ist und die Materie die Außenseite derselben Welt.

der drei Hauptsätze
1. Materie ist die Außenseite der Welt – Bewußtsein ist die Innenseite der Welt.
2. Das Bewußtsein wirkt auf die Materie, dessen Innenseite es ist – die Materie wirkt auf das Bewußtsein, dessen Außenseite sie ist.
3. Die Naturwissenschaften haben eine kausale Struktur – das Bewußtsein und die Magie haben eine Struktur aus Analogien.

Zu dieser Grundstruktur gibt es drei Ergänzungen: Die erste ist die Möglichkeit des Bewußtseins, sich räumlich und zeitlich auszudehnen; die zweite ist die Selbstliebe als der ideale Zustand der Psyche des Menschen, aus dem heraus eine mühelose Magie („Strahlen") entsteht; und der dritte ist die Möglichkeit, durch die Verbindung mit einer Gottheit „außergewöhnliche Magie" zu bewirken.

die drei Ergänzungssätze
1. Das Bewußtsein kann sich räumlich und zeitlich ausdehnen.
2. Selbstliebe ruft mühelose Magie („Strahlen") hervor.
3. Gottheiten können „außergewöhnliche Magie" bewirken.

Zu diesen vier Sätzen gibt es noch drei Unterpunkte, die sich auf die Willens-Magie beziehen, also auf die Magie, die nicht von der Selbstliebe bewirkt wird:

die drei Unterpunkte
1. Die Formel „Konzentration $\cdot$ Bindung = Lebenskraft-Fluß" gilt nur für die Willens-Magie.
2. Die Gesamtwirkung bei der Willensmagie ist: „Konzentration $\cdot$ Bindung + Konzentration $\cdot$ Taten = Gesamtwirkung"
3. Die Erdung durch kausale Taten ist bei der Willens-Magie förderlich, aber nicht unbedingt notwendig.

Es scheint mehrere Formen der Magie zu geben: die Willens-Magie, die Selbstliebe-Magie und die Gottheiten-Magie.

Vermutlich muß man deutlich zwischen „Gott" und „Gottheit", also zwischen dem Einen Gott und einer Gottheit aus einem Pantheon unterscheiden.

Die Gottheiten-Magie wird im Folgenden entweder „außergewöhnliche Magie" oder „Wunder" genannt.

Die Gottes-Magie könnte ein umfassendes „Ja" zur Welt sein – analog zu dem umfassenden „Ja" zu sich selber bei der Selbstliebe-Magie. Für diese Annahme spricht auch, daß in dem „fünf Ebenen"-Modell die Seele über dem Bereich der Psyche („normale Magie") steht, und Gott in derselben Weise über dem Bereich der Gottheiten („außergewöhnliche Magie") steht.

Diesen fünf Ebenen entsprechen fünf Arten der Magie, die sich deutlich unterscheiden lassen:

die fünf Arten der Magie	
Ebene	*Form der Magie*
Gott	Ja zur Welt
Gottheit	außergewöhnliche Magie (Wunder)
Seele	Selbstliebe-Magie
Psyche	Willens-Magie
Körper	keine Magie

10. Gottheiten-Magie

Während die Willens-Magie und die Selbstliebe-Magie recht einfach zu beschreiben sind, ist dies bei der Gottheiten-Magie nicht so leicht. Dies liegt daran, daß bei dieser Form der Magie nicht nur sinnvolle Zufälle hervorgerufen und unzugängliche Informationen beschafft werden, sondern offenkundig die Naturgesetze außer Kraft gesetzt werden.

Wenn man selber noch nichts dergleichen erlebt hat, wie z.B. eine Materialisierung, schwebt dieses Kapitel natürlich ein bißchen im luftleeren Raum – ohne eigene Erfahrungen mit diesem Thema kann man nicht wissen, daß es das, was hier betrachtet wird, überhaupt gibt.

Bei der Materialisierung bzw. Dematerialisierung von Gegenständen entsteht ein Bruch in der Kontinuität der gewohnten Stabilität der physischen Umwelt. Oft sind es Speisen, die materialisiert (vermehrt) werden. Das häufig berichtete Entstehenlassen von Quellen ist dem nah verwandt.

Das Verwandeln von Dingen ist dem Materialisieren von Dingen sehr ähnlich – auch hier entsteht ein Bruch in der Kontinuität der physischen Welt. Auch wenn das Verwandeln von Wasser in Wein, von einem Stab in eine Schlange u.ä. schon heftige Brüche der Alltags-Beständigkeit sind, ist doch das Auferwecken von Toten, bei denen in manchen Fällen bereits die Verwesung eingesetzt hat, die Form der Magie, die am stärksten an den gewohnten Vorstellungen rüttelt, da der Tod allgemein als unumkehrbar angesehen wird.

Die magische Heilung von Krankheiten und Verletzungen mit sofortiger Wirkung sowie die Spontanheilungen, die bei manchen Schwerkranken auftreten, die aus unerfindlichen Gründen plötzlich gesund geworden sind, kann man als kleinere Varianten der Toten-Erweckung ansehen.

Manchmal rufen auch homöopathische Heilmittel solche plötzlichen Heilungen hervor, die manchmal auch von einer ebenso plötzlichen Veränderung der Lebensumstände begleitet sind.

Flüche und Todesflüche sind das Gegenstück zu diesen Heilungen und Totenerweckungen. Sie werden über einzelne Personen und manchmal auch über ganze Heere ausgesprochen.

Einige Formen der Gottheiten-Magie setzen die Gravitation (Schwerkraft) außer Kraft.

Die Levitation, die vor allem von jüdischen Rabbis, Heiligen, hindhuistischen Yogis und buddhistischen Lamas, aber auch von Bön-Magiern u.a. Schamanen berichtet wird, widerspricht der gewohnten, verläßlichen Wirkung der Gravitation.

Dasselbe gilt für das Schwimmenlassen von Eisen in Wasser, das von dem Propheten Elisa berichtet wird. Dem entspricht das Gehen über Wasser, das von Christus, dem Yogi Naropa u.ä. bekannt ist.

Auch die Teilung des Roten Meeres durch Mose und die Teilung des Jordan durch Elia und später auch durch Elisa gehören zu dem Außerkraftsetzen der Gravitation.

Der am Anfang dieses Buches beschriebene Telekinese-Versuch ist diesen Formen der Magie recht ähnlich, aber im Vergleich dazu sehr viel kleiner.

Schließlich gibt es noch verschiedene Formen des Feuerzaubers.

Die Feuerläufe sind aus verschiedenen Kulturen bekannt. Dabei geht man barfuß über glühende Kohlen, legt sich nackt in sie oder ißt glühende Kohlenstückchen. Diese Dinge habe ich selber ausprobiert und weiß daher, daß sie möglich sind; man kann sich allerdings auch heftig an den Glut verbrennen – immerhin ist die Glut 700-800° heiß.

Dem Feuerlauf ist das Gottesurteil nah verwandt, bei dem der Angeklagte seine Hände unverletzt in siedendes Öl tauchen muß.

Eine andere Form des Feuerzaubers ist das Entzünden von Holz durch Magie statt durch physische Hilfsmittel.

Das Feuers ist mit den Photonen, also mit der elektro-magnetischen Kraft verknüpft – daher strahlt das Feuer auch Hitze und Licht aus. Bei dem Brennen von Holz u.ä. werden die in den Holzmolekülen gespeicherten Energiequanten frei, wenn diese Moleküle zerfallen („verbrennen").

Bei diesen vier Formen der Gottheiten-Magie wird zum einen die Gravitation (Schweben u.ä.) und die elektro-magnetische Kraft (Feuerzauber) außer Kraft gesetzt bzw. zu einem ungewöhnlichen Verhalten angeregt, und zum anderen die Existenz von Gegenständen beendet oder erschaffen (Materialisierungen) oder ihre Beschaffenheit verwandelt (Heilungen).

Bei den Materialisierungen ist zunächst einmal nicht besonders klar, was geschieht. Nach den Erhaltungssätzen, die die Grundlage der Physik bilden, sollte eigentlich nichts aus dem Nichts heraus entstehen können oder in das Nichts hinein verschwinden. Daher kann man vorerst einmal davon ausgehen, daß die Dinge, die sich dematerialisieren, an einen anderen Ort gehen, und die Dinge, die sich materialisieren, von einem anderen Ort kommen. Diese Materialisierungen wären dann Teleportationen.

Die kleinste mögliche Annahme bei den Verwandlungen ist die Neuanordnung der Bestandteile eines Menschen (Heilung) oder einer Sache. Bei Verwandlungen von Wasser in Wein oder Stäben in Schlangen ist auch eine zweifache Materialisierung denkbar – also der Austausch von zwei Dingen durch Teleportation. Wenn dies zutreffen sollte, müßte zu dem Zeitpunkt, an dem Christus Wasser in Wein verwandelt hat, irgendwo anders anschließend Wasser statt Wein in einem Weinfaß gewesen sein …

Es gibt also die externe Ortsveränderung (Materialisierungen) und die internen Ortsveränderungen (die Anordnung der Atome im Körper bei Heilungen). In beiden Fällen werden Dinge von einem Ort an einen anderen gebracht (Wein – externe Bewegung) oder Dinge auf eine neue Weise angeordnet (Heilung – interne Bewegung).

Weiterhin gibt es das Außerkraftsetzen der Gravitation (Schweben) und der elektromagnetischen Kraft (Feuerzauber).

Das Außerkraftsetzen der dritten Grundkraft, d.h. der Farbkraft, scheint zu fehlen – aber was würde denn dadurch geschehen? Es würden einige Neutronen zerfallen … aber wie würde sich das im normalen Alltag bemerken machen?

Es ist deutlich, daß alle diese Formen der Magie auf einer tieferen Ebene der Welt ansetzen als die Willens-Magie und die Selbstliebe-Magie, aber was dabei eigentlich geschieht, bleibt erst einmal unklar.

Man kann der bisherigen Beschreibung der Magie zufolge annehmen, daß das Bewußtsein auf der „Ebene der Gottheiten" ein neues Bild erschafft und sich dann die materielle Welt entsprechend dem Satz „Materie ist die Außenseite der Welt – Bewußtsein ist die Innenseite der Welt" entsprechend dem Bild auf der Gottheiten-Ebene verändert.

Man kann das Verhältnis der fünf Magie-Ebenen zu der materiellen Welt, der sie entsprechen, genau und detailreich beschreiben. Diese Entsprechungen lassen sich durch den kabbalistischen Lebensbaum sehr präzise beschreiben, aber da eine Einführung in die Verwendung dieses Lebensbaum-Symboles ein eigenes Buch erfordern würde, folgt hier nur eine allgemeine Beschreibung der Entsprechungen zwischen der materiellen Welt und der Magie.

Die elf Bereiche des Lebensbaumes entsprechen genau den elf mathematischen Dimensionen der Superstringtheorie – wie dies am Anfang dieses Buches beschrieben worden ist.

Die fünf Ebenen sind wie das Chakrensystem symmetrisch aufgebaut:

die fünf Ebenen						
physische Welt		*Bewußtsein/Magie*		*Struktur*		
physischer Bereich	*geprägt durch*	*Magie*	*Haltung*			
Raumzeit	Gravitonen	Gottes-Magie	Bejahung			
Elementarteilchen	Photonen	Gottheiten-Magie	Bewegung			
Atomkerne	Gluonen	Selbstliebe-Magie	Zentrierung			
Moleküle	Photonen	Willens-Magie	Bewegung			
Alltag	Gravitonen	Körper	Bejahung			

Die Gravitonen sind die Energiequanten der Gravitation, die Photonen (Licht) sind die Energiequanten der elektro-magnetischen Kraft und die Gluonen sind die Energiequanten der Farbkraft (in den Atomkernen).

Die Gluonen wirken nur innerhalb der Atomkerne, da die Farbkraft nur eine sehr geringe Reichweite hat – darin unterscheidet sie sich von den beiden anderen Grundkräften, die eine unbegrenzte Reichweite haben.
Die Gluonen halten die Atomkerne zusammen – dies ist eine Analogie zur Selbstliebe.

Die Gravitonen halten alle Dinge auf Erde – sie verhindern, daß alles einfach in das Weltall hinaus fortschwebt. Die Gravitonen sind die Ursache für das „Gewicht" aller Dinge. Die Gravitonen prägen daher den Alltag des Menschen und halten auch ihn selber auf der Erde.
Die Gravitonen sind auch die Energiequanten, die alle astronomischen Vorgänge prägen – die Schwerkraft ist die einzige Kraft, die zwischen Sonnen, Planeten und Monden und auch zwischen verschiedenen Galaxien wirkt.
Die Gravitation prägt somit das Kleine und „Normale" (den Alltag) als auch das ganz Große (die Raumzeit, das Weltall).
Die Gravitonen entsprechen sowohl dem normalen Magie-freien Alltag als auch der Welt als Ganzer, deren Innenseite Gott ist. Vermutlich ist auch Gott Magie-frei, da es in dem Bewußtsein des Ganzen nur noch eine Bejahung von dem gibt, was ist – „Gottes Selbstliebe".

Die Photonen prägen die Vorgänge in den Molekülen, also in der Chemie und in der Biologie. Diesem Bereich entspricht im Bewußtsein die Psyche und die in ihr beheimatete Willens-Magie.

In dem Bereich der Elementarteilchen spielt die elektro-magnetische Kraft wieder eine große Rolle, da sie dort die meisten Vorgänge prägt. Die Gottheiten-Magie scheint der Willens-Magie verwandt zu sein – es gibt sozusagen die „Kleine Magie" des Willens und die „Große Magie" der Gottheiten".

In diesem Vergleich der Innenseite der fünf Ebenen (Bewußtsein/Magie) mit der Außenseite der fünf Ebenen (Materie) zeigt sich, daß die beiden Bereich, die zu den Photonen gehören (Psyche, Gottheiten), sehr aktiv sind.

Die beiden Bereiche, die zu den Gravitonen gehören, sind hingegen „Magieneutral": der physische Körper übt keine Magie aus und Gott als das Bewußtsein des Ganzen braucht keine Magie auszuüben, weil die Welt ohnehin schon genau das ist, als was er sie erschaffen wollte und erschaffen hat – und weil die Welt Gottes Leib ist, den er ohnehin bewegen kann, wie er will.

Der mittlere Bereich, der durch die Gluonen der Farbkraft geprägt wird, ist in sich ruhend, zentrierend und strahlend. Er übt selber keine Magie aus: Die Farbkraft reicht nicht über den Atomkern hinaus, der der Seele entspricht. Stattdessen lenkt dieser Bereich, also die Seele, die willens-magischen Möglichkeiten der Psyche. Die Psyche, die sich um die Seele herum bildet, entspricht in diesem Gleichnis der Elektronenhülle um den Atomkern.

Aus dieser Betrachtung ergibt sich zunächst einmal, daß die Gottheiten-Magie der Willens-Magie verwandt, aber sehr viel stärker ist.

Während die Willens-Magie jedoch hauptsächlich „sinnvolle Zufälle" hervorruft, bewirkt die Gottheiten-Magie das Außerkraftsetzen der Naturgesetze. Die „gewöhnliche Magie" verändert die Muster in der Welt – die „außergewöhnliche Magie" verändert die Substanz der Welt.

11. „Außergewöhnliche Magie"

11. a) aktive und passive Formen der Magie

Zwei Arten der fünf Arten der Magie sind gewissermaßen untätig: das „im Hier und Jetzt ruhen" des Körpers in der physischen Welt und das allumfassende „Ja" des Gottes-Bewußtseins.

Eine dritte Form der Magie hat zwar einen großen prägenden Einfluß, aber tut ebenfalls nichts aktiv: die Selbstliebe der Seele im Herzchakra.

Die beiden übrigen Formen der Magie sind aktiv: Die Willens-Magie aus dem Bereich der Psyche und die „außergewöhnliche Magie" aus dem Bereich der Gottheiten.

Die beiden aktiven Magie-Formen sind sich von ihrem Wesen her ähnlich: Das Drehen des Telekinese-Rädchens, das für so gut wie jeden möglich ist, ist dasselbe Phänomen wie das Teilen des Wassers des Roten Meeres durch Moses – nur wird das Rädchen mit der Lebenskraft eines Menschen durchgeführt und das Teilen des Roten Meeres mit der Lebenskraft einer Gottheit.

Es stellt sich natürlich die Frage, wie man dazu kommen kann, „außergewöhnliche Magie" zu vollbringen.

11. b) Merkmale der „Materialisierungs-Magie"

Der hilfreichste und solideste Ansatz ist für mich zunächst mein deutlichstes Erlebnis mit dieser Form von Magie: die De-Materialisierung und die Re-Materialisierung meiner Christus-Kette und meiner Drachen-Kette.

Über die Situation, in der dies ereignet hat, lassen sich immerhin sechs Dinge sagen:

1. Der Impuls kam aus meinem Innersten und war vollkommen aufrichtig und geradlinig und direkt und ohne jeden Zweifel.

2. Der Impuls war „an die da oben" gerichtet, d.h. an Gott, die Gottheiten allgemein und auch an meine Seele.

3. Ich hatte keine Vorstellung darüber, was konkret geschehen soll, sondern lediglich, daß die beiden Ketten zu dem Menschen gelangen sollten, zu dem sie gehören.

4. Ich habe das, was weiterhin mit den beiden Ketten geschehen sollte,

vollständig „nach oben" abgegeben.

5. Die Situation war innerlich sehr stark emotional aufgeladen (meine damalige Krise).

6. In mir war eine vollkommene Hingabe an das, „was richtig ist", an meine Seele und an meine Schutzgottheit (Osiris). Ich bin sozusagen bereit gewesen, alles loszulassen und in den Abgrund zu springen, ohne zu wissen, was dann geschehen wird.

11. c)   vollkommene Konzentration

Aus dem Bemühen um Konzentration wie bei der Willens-Magie in der Psyche ist bei diesem Erlebnis eine vollkommene und mühelose Konzentration ohne jedes Zweifeln und ohne jedes Schwanken geworden.

Diese Form der Konzentration wird auch von Christus berichtet: Er hat sich schon vor seinen Wundern bei Gott bedankt, daß er ihm helfen wird – und nicht erst nachher, wenn er gesehen hat, ob Gott geholfen hat oder nicht. Christus hat diese Form der Konzentration und ihre große Wirkung („Wunder") als ein vollkommenes Vertrauen in Gott beschrieben. Dieses vollkommene Vertrauen und diese vollständige Hingabe an das, was „die da oben" nun machen werden, habe auch ich in dieser Situation in mir gehabt.

Diese Haltung ist auch von Meister Yoda als Grundlage für „fortgeschrittene Telekinese" bekannt: „Tue es oder tue es nicht – es gibt kein Versuchen."

Buddha bzw. die Vajrayana-Buddhisten nennen diesen Zustand in ihrem eher sachlichen Forscher-Stil „Einsgerichtetheit".

Die Entsprechung zu diesem vollkommenen Vertrauen in der Willens-Magie ist das Loslassen und „Vergessen" des magischen Wunsches, nachdem man ihn ausgesprochen hat. Da der Wunsch bei der Willens-Magie noch aus einer nicht-einsgerichteten Psyche kommt, ist das, was man tun kann, den Wunsch bei seiner Umsetzung nicht zu stören, also ihn loszulassen. Das Loslassen ist der „kleine Bruder" der vertrauensvollen Einsgerichtetheit.

Es gibt bei der Gottheiten-Magie kein Ritual und keine Zauberformel oder ähnliches, sondern nur das Tun. Die Tat selber ist kurz und unspektakulär und beschränkt sich in der Regel auf ein schlichtes Aussprechen von dem, was geschehen soll.

Der eigentliche Aufwand bei dieser Form der Magie besteht darin, überhaupt dahin zu kommen, willentlich in diesen Zustand der Einsgerichtetheit gelangen zu können. Zu dem Erlangen dieses Zustandes gehören in der Regel Meditationen, Gebete, der Rückzug in die Einsamkeit, Fasten sowie die Konfrontation mit allen eigenen

Ängsten und Süchten und deren Heilung. Als Nebeneffekte treten dabei oft die Astralreise, das Erwachen der Kundalini, das Vorhersehen der Zukunft, Visionen von Gottheiten und die Begegnung mit den eigenen Ängsten und Süchten auf.

Der Weg zu dieser Fähigkeit führt durch die eigene Psyche und beinhaltet die Heilung von allen Ängsten und Süchten – die die Blockaden im Lebenskraftkörper bilden. Das Ergebnis dieses Strebens nach Heilung der eigenen Psyche ist daher das freie Fließen der Kundalini, das wiederum im Yoga als die Grundlage für das Erlangen der Siddhis, also der Fähigkeit, Magie und Wunder zu bewirken, angesehen wird.

11. d)   Einsicht und Entschluß

Zu der vollständigen Ausrichtung auf eine Gottheit gehört offensichtlich auch eine Einsicht. In meinem Fall war es die Einsicht, daß ich, was mich selber und mein Leben betraf, „mit meinem Latein am Ende war", und daß ich auch nicht sehen konnte, welcher Therapeut oder Heiler mir helfen könnte. Daher habe ich das einzige getan, was noch einen Sinn ergab: Ich habe mein Schicksal meiner Seele und „denen da oben" in die Hände gelegt. In diesem Augenblick bin ich auch bereit gewesen zu sterben oder noch Schlimmeres anzunehmen, wenn meine Seele und „die da oben" das für richtig gehalten hätten.

In der Biographie von Jesus ist diese Einsicht sein Fasten in der Wüste, bei dem er mit seinem „Schatten" in der Gestalt des Teufels konfrontiert wurde.

Im Leben von Buddha findet sich diese Einsicht als die Betrachtung der Welt und der Dynamik in ihr, die dann zu Buddhas Beschluß geführt hat, die Erleuchtung erlangen zu wollen, d.h. die vollkommene Erkenntnis. Nachdem er diesen Entschluß gefaßt hatte, hat er sich unter einen Bo-Baum gesetzt, um nicht wieder aufzustehen bevor er sein Ziel erreicht hat.

Diese Art des Entschlusses ist sehr wirkungsvoll – da er absolut und ohne jede Einschränkung ist.

Ich kenne solche Entschlüsse auch von einigen Gelegenheiten in meinem eigenen Leben. Ich habe z.B. über zehn Jahre lang beim Meditieren immer wieder Schmerzen in meinem Hals bekommen, die so heftig waren, daß mir die Tränen zu laufen begannen und ich manchmal einfach umgekippt und fast ohnmächtig geworden bin. Da hat es mir eines Tages gereicht und ich habe mich auf mein Bett gelegt und gesagt, daß ich erst wieder aufstehen werde, wenn ich weiß, was da los ist.

Ich habe dann meditiert, bis der Schmerz wieder leicht anfing und habe dann diesen Schmerz als den roten Faden benutzt, an dem ich innerlich in die Vergangenheit zu der Ursache dieses Schmerzes gereist bin. Nach ungefähr einer Stunde kamen dann die ersten Bilder, die aus Indien vor mindestens 500 Jahren stammten. Ich habe mich von ihnen nicht ablenken lassen und immer wieder gesagt, daß ich die Ursache dieser fürchterlichen Halsschmerzen herausfinden will. Schließlich bin ich zu einer Szene gekommen, an der mich ein anderer Mann aus Eifersucht in den Ganges gestoßen hat – wo mir dann ein Krokodil den Kopf abgebissen hat.

Durch diese Erinnerungen ist es mir schließlich gelungen, die Schmerzen in meinem Hals aufzulösen.

Dies ist ein Beispiel für die Wirkung von Entschlüssen, aber kein „Beweis" für die Reinkarnation (dieses Thema habe ich in meinem Buch „Reinkarnation" dargestellt).

Die Entschlüsse in der Willens-Magie sind mehr oder weniger gut ausgerichtet – sie lenken die Lebenskraft wie das Licht einer Taschenlampe.

In der Gottheiten-Magie sind die Entschlüsse absolut und ohne jedes Schwanken und Schwinden ausgerichtet – und lenken die Lebenskraft wie einen Laserstrahl.

11. e) Lehrer

Es gibt noch ein interessantes Detail im Zusammenhang mit der „außergewöhnlichen Magie". Vor der Phase des „Rückzugs" ist so gut wie immer eine Einweihung zu finden: Buddha lernt bei den Einsiedlern, Christus erhält von Johannes eine Einweihung (Taufe) und die Yogis erhalten sie von ihrem Guru (Lehrer).

Durch diese Einweihungen entstehen „Übertragungslinien" von Lehrer zu Schüler, die sich über viele Generationen erstrecken können. Die Lehrer dieser Übertragungslinien werden bei manchen Ritualen oder Meditationen zu Hilfe gerufen – so wie Christus bei seiner Meditation auf einem „hohen Berg" Elias und Moses gerufen hat. Eigentlich hätte Johannes der Täufer auch noch dazugehört, da dieser ihm die „Kraftübertragung" (wie man dies in Tibet nennt) gegeben hat.

Diese Einweihung ist im Grunde ein „Lernen durch Nachahmung": Man erlebt, in welchem Zustand sich der Lehrer befindet und kann dies dann nachahmen.

Die eindrucksvollste Version dieser Möglichkeit, die ich selber erlebt habe, war eine Meditation in einem Kreis von ca. einem Dutzend Leute, die von einem Yogi aus der „Ananda Marga"-Tradition angeleitet wurde. Damals war ich noch ziemlich jung und unerfahren, aber neugierig und hatte gerade davon gehört, daß es die Möglichkeit geben solle, innerlich in einen gedankenfreien Zustand zu gelangen – was mir vollkommen unmöglich schien. Aber ich wollte diesen Zustand kennenlernen, falls es ihn doch geben sollte. In der Meditation in dem Kreis von diesem Dutzend Menschen habe ich dann auf einmal das Bewußtsein des Yogi in meinem Bewußtsein gespürt. Es war, als ob er einmal sanft über die Wellen in meinem Bewußtsein streichen würde – dann war Stille in mir. Seitdem kann ich jederzeit ohne Mühe innerhalb von einer

Sekunde in diesen Zustand wechseln.

Es gibt also auch Hilfe von außen, wenn man die „außergewöhnliche Magie" erlernen will. In Tibet wird diese Hilfe anschaulich als „Belehrung und Kraftübertragung" bezeichnet.

Es ist sicherlich nicht notwendig, einen Lehrer zu haben und alle Dinge nur durch „Nachahmung" zu lernen – aber es ist eine Möglichkeit, die den eigenen Fortschritt an vielen Stellen erleichtern kann.

11. g)   Psyche und Gottheiten

Es gibt noch einen Aspekt, den man bei der „Gottheiten-Magie" betrachten kann. In der „fünf Ebenen"-Graphik steht die Willens-Magie unter der Selbstliebe-Magie und wirkt nach unten hin auf die materielle Welt. Die „Gottheiten-Magie" steht unter Gott und wirkt auf den Bereich der Seelen.

die fünf Ebenen			
physische Welt		*Bewußtsein/Magie*	
physischer Bereich	*geprägt durch*	*Magie*	*Haltung*
Raumzeit	Gravitonen	Gottes-Magie	Bejahung
Elementarteilchen	Photonen	Gottheiten-Magie	Bewegung
Atomkerne	Gluonen	Selbstliebe-Magie	Zentrierung
Moleküle	Photonen	Willens-Magie	Bewegung
Alltag	Gravitonen	Körper	Bejahung

Die beiden aktiven Magie-Formen finden sich im zweiten und im vierten Bereich: die Willens-Magie und die Gottheiten-Magie.

Es könnte hilfreich sein, diese beiden Formen der Magie einmal systematisch zu vergleichen. Das Folgende ist ein Versuch, diese Unterschiede möglichst präzise zu formulieren:

Die Willens-Magie hat ihren Ursprung in der Psyche. Sie hat die Lebenskraft des Körpers zur Verfügung.

Die Gottheiten-Magie hat ihren Ursprung in den Gottheiten, d.h. vermutlich in einem großen Teil der Welt. Sie hat die Lebenskraft des Teils der Welt zur Verfügung, der der betreffenden Gottheit entspricht (z.B. Poseidon: die Lebenskraft des Meeres).

Die Willens-Magie beschafft Informationen und lenkt den Zufall und beeinflußt manchmal auch den Willen anderer Menschen. Eine Veränderung der physischen Umgebung des Magiers findet nur in sehr kleinem Maße statt.
Die Gottheiten-Magie verändert die physische Welt in erheblichem Maße (Heilungen, Verwandlungen, Materialisierungen u.ä.).

Wenn die Willens-Magie sich auf die Selbstliebe der Seele im Herzchakra ausrichtet und von dort aus gelenkt wird, wird sie widerspruchsfrei und dadurch deutlich effektiver und mühelos.
Die Gottheiten-Magie erfordert eine vollkommene Ausrichtung auf eine Gottheit oder etwas vergleichbar „Großes" wie z.B. Buddhas Nirvana.

Die Willens-Magie wirkt auf den eigenen Körper und auf seine Stellung in der Welt (Dinge und Menschen herbeirufen, Informationen erlangen u.ä.).
Die Gottheiten-Magie wirkt auf die Welt und ruft in ihr Veränderungen hervor (Verwandlungen, Materialisiationen u.ä.).

Die Willens-Magie geht von dem Lebenskraftkörper eines Menschen aus.
Die Gottheiten-Magie geht von dem Lebenskraftkörper eines Teiles der Welt aus.

Der freie Fluß der Lebenskraft im Lebenskraftkörper eines Menschen ist das Erwachen der Kundalini. Dies entsteht durch das Streben nach der eigenen Seele, durch die Selbstliebe.
Der freie Fluß der Lebenskraft im Lebenskraftkörper der Welt ist schon vorhanden – der Mensch kann sich in diesen Fluß einfügen. Dies entsteht durch das Streben nach Gott, durch die Liebe zu Gott.

Der natürliche, unbekümmerte und heile Egoismus eines Menschen fördert den Fluß der Lebenskraft in der Willens-Magie.
Der durch Einsicht und Weitsicht zu einem „in der ganzen Welt gegründeten Egoismus" gewordene individuelle Egoismus fördert den Fluß der Lebenskraft in der Gottheiten-Magie. Diese Form des Egoismus ist z.B. der Entschluß der Boddhisattvas (buddhistischer Erleuchteter), allen Menschen zu helfen, da sie, weil sie mit allen Menschen verbunden sind, dann am glücklichsten sein werden, wenn alle Menschen glücklich sind.

Das Loslassen des Wunsches nach seinem Aussprechen verhindert in der Willens-Magie, daß sich nachträglich Gedanken, Bilder und Zweifel in den Wunsch einmischen und seine magische Wirkung verzerren oder behindern.

Die vertrauensvolle Einsgerichtetheit der Gottheiten-Magie ermöglicht sehr viel größere Bewegungen der Lebenskraft als das Loslassen in der Willens-Magie.

Der Weg des Erlernens der „außergewöhnlichen Magie", der sich aus diesen Betrachtungen ergibt, besteht aus den folgenden sechs Elementen:

1. in einem ersten Schritt das Kennenlernen der Lebenskraft in der Psyche und in einem zweiten Schritt das Kennenlernen der Lebenskraft in der Welt;

2. in einem ersten Schritt die Heilung des eigenen Egoismus und in einem zweiten Schritt die Weitung des persönlichen Egoismus durch Einsicht und Weitsicht zu einem umfassenden Egoismus;

3. in einem ersten Schritt die Integration aller Willens-Impulse durch die Selbstliebe und in einem zweiten Schritt die Ausrichtung auf eine Gottheit oder auf Gott oder etwas ähnlich Großes (Buddha, Nirvana, Christus o.ä.);

4. in einem ersten Schritt das Erwecken der Kundalini durch die Selbstliebe und in einem zweiten Schritt das Einfügen in den Lebenskraftfluß der Welt durch die Liebe zu Gott;

5. in einem ersten Schritt das Lenken des Zufalls und das Beschaffen von Informationen und in einem zweiten Schritt das Verändern der Welt;

6. in einem ersten Schritt das Loslassen des magischen Wunsches und in einem zweiten Schritt die vertrauensvolle Einsgerichtetheit des Wunsches.

Die „außergewöhnliche Magie" wird möglich, wenn man sich selber nicht mehr als von der Welt getrennt erlebt, sondern sich als integrierten Teil der Welt erlebt.

12. Die Lebenskraft

12. a) Der Charakter der Lebenskraft

Die Lebenskraft taucht in diesen Betrachtungen ständig auf, aber es ist noch immer unklar, was sie eigentlich ist. Um ihrem Wesen näherzukommen, kann man zunächst einmal sammeln, was über sie bekannt ist.

- Sie erscheint in fast allen Kulturen: Die Ägypter nannten sie „Ankh", die Chinesen „Chi", die Indianer „Rauch", viele West-Afrikaner Kalifi („Lebensfeuer"), die Europäer „Lebenskraft" usw. Neuere Bezeichnungen sind „Orgon", „Äther", „Od", „Biophotonen" u.ä.
- Sie wird sehr einheitlich als milchigweißes Leuchten (z.T. mit einem leichten Blauschimmer) beschrieben („Hellsehen").
- Sie kann als elektrisches Prickeln wahrgenommen werden.
- Ihre Bewegung im Körper kann als „elektrisches" Prickeln, Wärmehülle oder als aufsteigende Hitze („Kundalini") erlebt werden.
- Sie kann auf andere Menschen übertragen werden (Handauflegen, Reiki) und sie kann von anderen Menschen „abgesogen" werden (Lebenskraft-Vampirismus).
- Sie kann Verbindungen zwischen Menschen bilden („Lebenskraft-Nabelschnur").
- Sie bildet Strukturen (Chakren = Organe des Lebenskraftkörpers; Kundalini = Lebenskraft-Kreislauf; Akupunktur-Meridiane = Lebenskraft-Adern).
- Sie ist in der Regel an eine materielle Substanz gebunden (Lebenskraft eines Menschen), aber sie kann auch unabhängig davon existieren (spukender Geist).
- Sie reagiert auf Willen und Imagination – sie ist also nah am Bewußtsein.
- Sie ist keine materielle Substanz.
- Sie ist sowohl mit der Materie als auch mit dem Bewußtsein verbunden.
- Sie kann eine bestimmte Qualität haben (z.B. in homöopathischen Globuli).
- Sie scheint in höherem Maße in Menschen und Tieren als in Pflanzen vorhanden zu sein und in Pflanzen wiederum in höherem Maße als in Mineralien. Je „lebendiger" etwas ist (desto mehr es sich bewegt und verändert), desto mehr Lebenskraft hat es – deshalb heißt diese „Substanz" auch „Lebenskraft".
- Sie ist auch in der Sonne in hohem Maße vorhanden und in geringerem

Maße auch in der Erde und im Mond – und ebenso in den Sternen und Planeten, die jedoch weit von der Erde entfernt sind und eine geringere Wirkung haben.

- Sie könnte mit den elektro-magnetischen Kräften in den Molekülen aller Organismen zusammenhängen („Biophotonen"), aber sie kann nicht auf diese Vorgänge reduziert werden, da sie auch unabhängig von einer materiellen Substanz auftreten kann und sie daher nicht einfach „Licht" ist.

Diesen Beschreibungen zufolge ist die Lebenskraft so etwas wie das Bindeglied zwischen Bewußtsein und Materie. Daher ist sie auch die „Substanz der Magie", d.h. ihre Zustände und Bewegungen werden vom Bewußtsein und von der Materie gelenkt und lenken ihrerseits wiederum sowohl das Bewußtsein als auch die Materie. Wenn ein Mensch Magie ausübt, lenkt sein Bewußtsein mittels der Lebenskraft die Materie.

Wenn man die Lebenskraft verstehen würde, würde man vermutlich auch die Magie verstehen …

Ist die Auffassung der Lebenskraft als einer „nicht-materiellen Substanz" zutreffend?

Oder erscheint die Lebenskraft der menschlichen Wahrnehmung nur als eine Art leuchtende, wärmende Substanz?

Ist ihre Auffassung als Kraft zutreffend, wenn man „Kraft" im physikalischen Sinne als etwas, das eine Wirkung hat, auffaßt?

Es läßt sich zumindestens sicher sagen,

- daß sie dort ist, wo sich etwas verändert oder bewegt (Lebewesen, Sonne),
- daß sie als Licht/Hitze-Phänomen wahrgenommen wird,
- daß sie Strukturen (Chakren) und Dynamiken (Kundalini) ausbildet,
- daß die Lebenskraft durch das Bewußtsein lenkbar ist,
- daß sie die magischen Phänomene hervorruft,
- daß sie auch unabhängig von Materie auftritt (spukende Geister).

12. b)   Fünf Fragen

Was braucht man zum Verstehen der Lebenskraft? Da „Verstehen" vor allem bedeutet, daß man das Verhältnis des Unbekannten zu dem bereits Bekannten beschreiben kann, würden die folgenden fünf Erkenntnisse für ein grundlegendes Verstehen der Lebenskraft ausreichen:

1. ein Verständnis für ihr Verhältnis zur Materie,
2. ein Verständnis für ihr Verhältnis zum Bewußtsein,
3. ein Verständnis dafür, in welcher Weise sie mit dem 1. Hauptsatz („Materie ist die Außenseite der Welt – Bewußtsein ist die Innenseite der Welt.") in Verbindung steht (was mit den beiden vorigen Punkten fast identisch ist),
4. ein Verständnis dafür, warum sie dort vermehrt zu finden ist, wo sich etwas bewegt oder verändert,
5. ein Verständnis dafür, warum sie komplexe symmetrische Strukturen (Chakren, Akupunktur-Meridiane, Kundalini) ausbildet.

Die symmetrischen Strukturen der Lebenskraft

Am einfachsten läßt sich etwas zu Punkt 5 sagen. Da das Bewußtsein das steuernde Element in einem Menschen ist und der Körper eine komplexe Form hat, ist es plausibel, daß die „Steuerungs-Mechanik" eine systematische Form hat, Ähnlichkeiten mit dem Leib aufweist, aber so konstruiert ist, daß eine zentrale Lenkung möglich ist – was eine symmetrische Struktur und einen Kreislauf plausibel macht.

Die Organe des Lebenskraftkörpers sind die Chakren, die symmetrisch angeordnet sind:

Das Herzchakra ist das Zentrum, die Identität und der „Tempel der Seele".

Die drei unteren Chakren prägen das Körperinnere, die drei oberen Chakren regeln das Verhältnis zur Umwelt.

Das erste Chakrenpaar verwandelt die Identität im Herzchakra in Impulse: Das Sonnengeflecht enthält die Bewegungswünsche und das Halschakra zeigt der Welt, wer man ist.

In dem zweiten Chakrenpaar werden die Impulse zu Strukturen: Das Hara verwandelt die Bewegungswünsche in einen festen inneren Halt und das Dritte Auge orientiert sich in der Welt.

Das dritte Chakrenpaar nimmt aufgrund der Strukturen im zweiten Chakrenpaar Kontakt auf: Das Wurzelchakra ist der körperliche Kontakt und das Scheitelchakra der geistige Kontakt.

Diese Überlegungen zu den komplexen symmetrischen Strukturen des Lebenskraftkörpers des Menschen bestätigen die Annahme, daß die Lebenskraft weder die Materie noch das Bewußtsein ist, sondern ein Bindeglied zwischen beiden, das dem Bewußtsein die Steuerung des Leibes ermöglicht und das dem Körper ermöglicht, Wahrnehmungen an das Bewußtsein weiterzugeben.

Allerdings scheint es hier ein doppeltes System zu geben: Die Nervenbahnen leiten die Sinneswahrnehmungen zu dem Gehirn weiter, wo die Eindrücke verarbeitet werden und der Lebenskraftkörper leitet die Wahrnehmungen an das Bewußtsein (und vermutlich auch an das Herzchakra) weiter.

Was ist das Verhältnis zwischen diesen beiden Systemen?

Das physische System hat sein Zentrum im Gehirn – das Lebenskraft-System hat sein Zentrum im Herzchakra (in der Mitte der Brust).

Das Gehirn ist ein Datenverarbeitungszentrum – das Herzchakra ist der Sitz der Identität.

Die Aufgabenstellungen der beiden Zentren sind also nicht genau dieselben, sondern verschieden. Wenn man verstehen will, wie die Leber gesteuert wird, muß man eher im Gehirn suchen – wenn man verstehen will, wie jemand in seinem Leben glücklich werden kann, muß man eher im Herzchakra suchen. Das Gehirn ist das physische Zentrum, das Herzchakra ist das geistige Zentrum.

Bewegung und Veränderung

Warum findet sich Lebenskraft vor allem dort, wo sich etwas bewegt und verändert wie in Lebewesen oder in der Sonne? Zunächst einmal, weil das die Orte sind, die „lebendig" sind und die Lebenskraft nun einmal eine „Lebenskraft" ist.

Warum wird jedoch an „lebendigen Orten" Lebenskraft gebraucht?
Was macht sie dort?
Entsteht sie dort durch die Bewegungen und Veränderungen oder entfaltet sie sich nur durch diese Prozesse oder ist der Zusammenhang noch anders?
Koordiniert sie dort etwas?

„Leben" besteht im Wesentlichen aus Bewegungen und Veränderungen. Doch warum kann man dort, wo sich viel bewegt und verändert, das weiße Schimmern der Lebenskraft sehen? Die Lebenskraft muß ein Ausdruck oder irgendein Aspekt der Bewegungen und Veränderungen sein. Da die Lebenskraft, wie im vorigen Abschnitt gezeigt worden ist, komplexe physische Vorgänge durch ein differenziertes, symmetrisches System steuert, kann man die Lebenskraft als ein Koordinationssystem ansehen – oder zumindestens als etwas, das sich als die Zusammenfassung vieler einzelner physischer Prozesse zu einem symmetrischen Muster zeigt.

In einem Menschen ist die Größe dieses Lebenskraft-Systems eher klein, aber komplex – in der Sonne ist dieses Lebenskraft-System eher groß, aber dafür in seinem

Aufbau deutlich schlichter, da auch der physische Aufbau der Sonne sehr viel schlichter ist als der menschliche Körper.

Dieser Gegensatz erinnert an den Gegensatz zwischen der Willens-Magie der Psyche (Mensch) und der außergewöhnlichen Magie der Gottheiten (z.B. der Sonne).

Die Lebenskraft scheint eng an die Prozesse in der physischen Welt gekoppelt zu sein. Diese Prozesse sind wiederum entweder an die elektro-magnetische Kraft zwischen den Atomen und den Molekülen gebunden (chemische Prozesse in Lebewesen) oder an die Farbkraft im Atomkern (Kernfusion in der Sonne).

Die Lebenskraft ist somit nicht speziell an die elektro-magnetischen Prozesse gekoppelt, also an den Austausch von Photonen (elektro-magnetische Kraft). Der alles prägende Prozeß in der Sonne ist die Kernfusion, die auf den Gluonen der Farbkraft beruht.

Es ist also fraglich, ob man die Lebenskraft sinnvoll mit dem Begriff „Biophotonen" beschreiben kann – auch wenn die Lebenskraft sehr oft als Licht wahrgenommen wird.

Materie, Lebenskraft und Bewußtsein

Die drei ersten Fragen der weiter oben gestellten fünf Fragen sind sich sehr ähnlich – sie betreffen alle die Zwischenstellung der Lebenskraft zwischen der Materie und dem Bewußtsein. Darüber läßt sich einiges sagen:

> Die Lebenskraft ist kein einfaches Abbild der Materie: Der Lebenskraftkörper hat eine andere Struktur und andere Organe als der physische Körper.
>
> Ob die Lebenskraft ein einfaches Abbild des Bewußtseins oder der Bewußtseinsinhalte ist, ist zunächst noch unklar, aber aus der Innensicht heraus ist das Chakren-System nicht das, was man als erstes in seinem Bewußtsein wahrnimmt, auch wenn man durch Aufmerksamkeit, Traumreisen und Meditationen dieses System in sich entdecken kann.

Daher steht die Lebenskraft vermutlich zwischen der Materie und dem Bewußtsein.

> Der Lebenskraftkörper eines Menschen entspricht auch nicht den elektromagnetischen Vorgängen, also den chemisch-biologischen Vorgängen im Körper, sondern besitzt andere Strukturen.

Obwohl dort, wo viele Prozesse stattfinden, auch viel Lebenskraft ist, kann man die Lebenskraft diesen Überlegungen zufolge nicht den Prozessen im physischen Körper gleichsetzen, da sich die Lebenskraft anders organisiert als die chemisch-biologischen Prozesse im Menschen.

Der Umraum der Sonne

Der Aufbau des Chakrensystems unterscheidet sich deutlich von den elektro-magnetischen Prozessen in einem Lebewesen. Interessanterweise stimmt der Aufbau des Lebenskraftkörpers eines Menschen jedoch mit den Strukturen im Umraum einer Sonne vollständig überein.

Das Zentrum ist die strahlende Sonne.
Sie entspricht dem strahlenden Herzchakra.

Um die Sonne herum befindet sich ein Bereich, der ganz durch die von der Sonne abgestrahlten Photonen (Licht) und den von ihr abgestrahlten Ionen (elektrisch geladene Teilchen) geprägt ist. In diesem Bereich ist alle Materie („Sternenstaub") durch diesen „Sonnenwind" nach außen hin fortgeweht worden.

Dieser vollständig von der Sonne geprägte Bereich rings um die Sonne entspricht dem uneingeschränkten körperlichen Selbstausdruck des Sonnengeflechts und dem uneingeschränkten sozialen Selbstausdruck des Halschakras.

Der Sonnenwind schiebt alle kleinkörnige Materie („Sternenstaub") in ihrem Umraum wie ein Schneeschieber nach außen und nach allen Seiten hin von der Sonne fort. Dadurch bildet sich eine Art Wall vor dem Sonnenwind, der aus dem Sternenstaub und aus den von der Sonne abgestrahlten Ionen besteht. Sie wird „Stoßfront" genannt. Die gesamte Masse dieser „Hülle" entspricht ungefähr der Masse der Erde, aber sie besteht nur aus fein verteiltem Staub.

Diese Hülle um den vom Sonnenwind geprägten Bereich direkt um die Sonne entspricht den beiden Form-Chakren: Das Hara gibt dem Menschen einen festen inneren Halt und das Dritte Auge gibt dem Menschen eine Orientierung im gesamten Umraum.

Die Stoßfront bewegt sich allmählich immer weiter nach außen hin von der Sonne fort, da der Sonnenwind ständig von innen her gegen diese Stoßfront weht und ihr ständig neuen Schub verleiht. Dadurch wird der vom Sonnenwind geprägte Bereich rings um die Sonne immer größer. Diese expandierende Stoßfront, die eine Kugelhülle aus Sternenstaub und Sonnen-Ionen ist, bewegt sich durch den Sternenstaub im Weltall wie ein Schiff im Wasser. Dadurch entsteht vor der Stoßfront eine „Bugwelle" aus Sternenstaub.

Diese „Bugwelle" entspricht den beiden äußeren Chakren, die wie die Bugwelle Kontakt zu der Umgebung aufnehmen: Das Wurzelchakra ist der körperliche Kontakt und das Scheitelchakra der geistige Kontakt.

Diese drei Räume rings um die Sonne (Sonnenwind-Raum, Stoßfront, Bugwelle) entsprechen den Qualitäten der drei Chakrenpaare. Die Sonne selber entspricht dem Herzchakra.
Doch die Analogie zwischen dem Sonnensystem und dem Chakrensystem ist damit noch nicht erschöpft:

Die Sonne enthält Ionen, also elektrisch geladene Teilchen. Wenn sich eine elektrische Ladung bewegt (wie bei der Sonne durch ihre Rotation), entsteht ein magnetisches Feld. Das magnetische Feld steht immer im rechten Winkel zu der Bewegungsrichtung der elektrischen Ladung. Das führt bei einer Rotation zu zwei Strahlen, die aus den beiden Polen des Sternes, des Planeten oder der Galaxie austreten. Es sind zwei Strahlen, weil es sowohl positiv als auch negativ geladene Ionen gibt und die durch deren Bewegung entstehenden Magnetfelder in entgegengesetzte Richtungen weisen. Auf diese Weise entsteht auch der magnetische Nordpol und der magnetische Südpol, die die Benutzung eines Kompasses ermöglichen. Diese beiden magnetischen Strahlen, die aus den Polen der Sonne austreten, werden „Jets" genannt.
Diese beiden „Jets" finden sich im Lebenskraftkörper als die Bahn der Kundalini wieder, die vom unteren Chakra bis zum obersten Chakra aufsteigt. Diese Bahn („Lebenskraft-Kanal") wird im Yoga „Sushumna" genannt.

An den Stellen, an denen dieser „Jet" von den beiden Polen der Sonne ausgehend durch die drei Bereiche fliegt, entstehen Wirbel.
Diese „Wirbel" an den Stellen, an denen die beiden Jets durch die drei Bereiche des Umraums der Sonne fliegen, entsprechen den drei Chakren oberhalb des Herzchakras und unterhalb des Herzchakras. Der Wirbel an den Jets entspricht der kreisenden Bewegung der Chakren.

Die magnetischen Jets wirken ihrerseits wieder auf die Ionen in ihrer Umgebung und beschleunigen sie nach außen hin von der Sonne fort. Da diese Ionen in der Regel bereits eine Eigenbewegung haben, fliegen sie nicht in einer geraden Linie in den Jets selber nach außen fort, sondern nehmen eine sich nach außen bewegende Spiralbahn rings um den Jet an. Dabei drehen sich die negativ geladenen Ionen in einer Spirale, deren Drehrichtung der Spirale der positiv geladenen Ionen entgegengesetzt ist.
Im Yoga finden sich diese beiden Spiralen als die beiden „Lebenskraft-Kanäle" Ida und Pingala wieder. Da diese Spiralbewegungen auf den Zeichnungen (in den Yoga-Schriften) nur zweidimensional wiedergegeben werden

114

könne, erscheinen sie als zwei symmetrische Schlangenlinien (wie auch auf dem Hermesstab). In Ida und Pingala findet sich das innere Frauenbild und das innere Männerbild, was der entgegensetzten Ladung der Ionen in den beiden Spiralen entspricht. In dem zentralen „Lebenskraft-Kanal", der im Yoga „Sushumna" genannt wird, befindet sich das geschlechtsunabhängige Selbstbild des Menschen.

In der Sonne gibt es eine Konvektionsströmung: Im Zentrum wird die Materie durch die Kernfusion, die dort stattfindet, erhitzt, steigt wie der Wasserstrahl eines Springbrunnens nach oben, breitet sich wie die Fontaine eines Springbrunnens an der Oberfläche aus, kühlt dort ab und sinkt dann wie die Tropfen eines Springbrunnens wieder nach unten.

Im Lebenskraftkörper gibt es eine Konvektionsströmung: Vom Wurzelchakra aus steigt die Lebenskraft wie der Wasserstrahl eines Springbrunnens nach oben („erwachte Kundalini"), breitet sich wie die Fontaine eines Springbrunnens an der Oberfläche aus (Oberfläche der Aura) und sinkt dann wie die Tropfen eines Springbrunnens wieder nach unten zurück zu dem Wurzelchakra.

Die Ähnlichkeit zwischen den beiden Systemen wird noch deutlicher, wenn man sie graphisch darstellt:

115

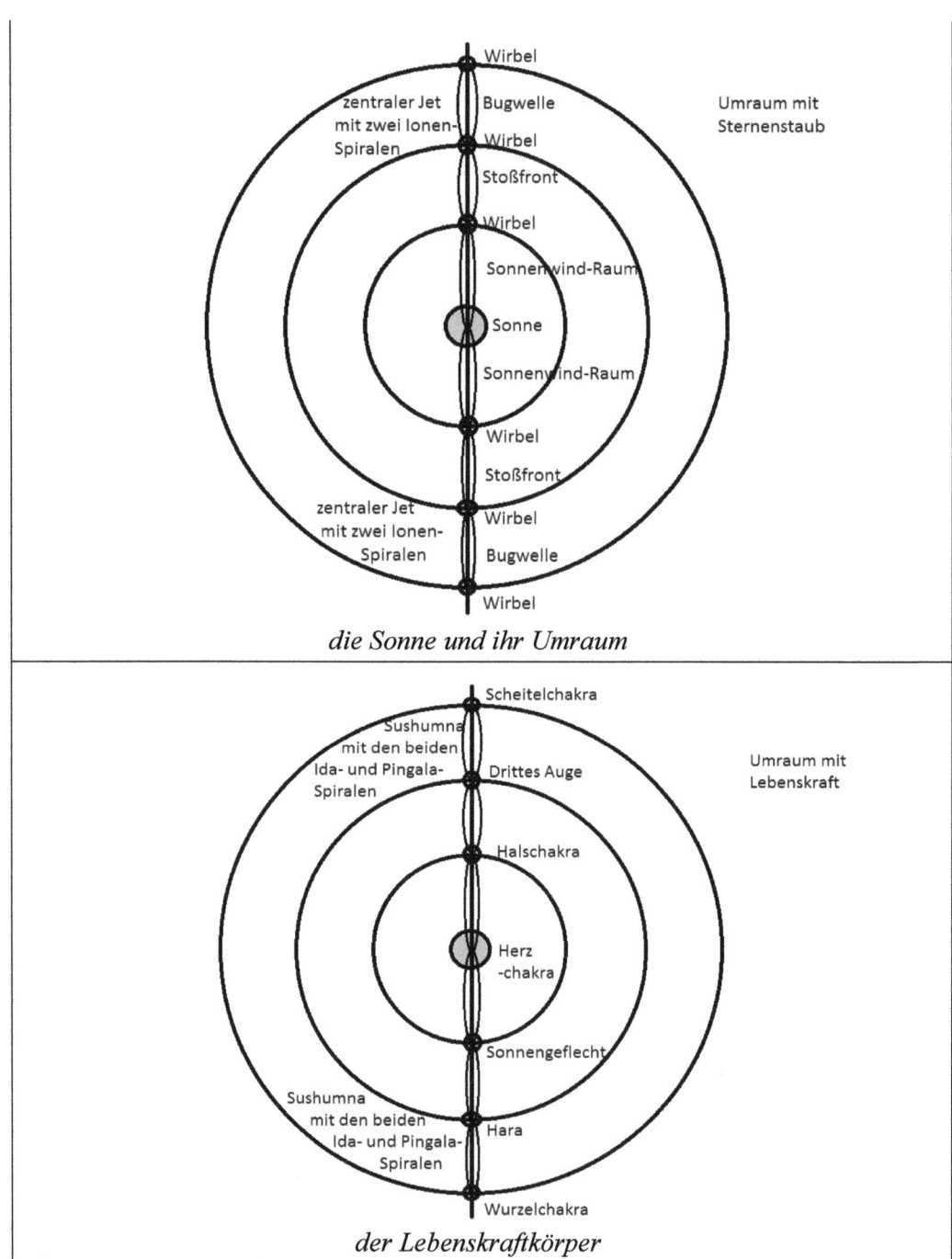

die Sonne und ihr Umraum

der Lebenskraftkörper

116

An dem Prozeß, der in und um die Sonne herum zu dieser Struktur führt, sind alle drei Grundkräfte beteiligt:

Die Gravitation zieht den Sternenstaub zu einer Sonne zusammen, in deren Zentrum aufgrund ihrer großen Masse, die durch die Gravitation zusammengezogen wird, ein hoher Druck entsteht.

Dieser hohe Druck (die Gravitation) setzt eine Kernfusion, also einen Farbkraft-Prozeß, in Gang, wobei die dabei freiwerdende Energie nach außen abgestrahlt wird – die Sonne beginnt zu leuchten. Die dabei abgestrahlten Photonen und Ionen lassen den Sonnenwind-Raum, die Stoßfront und die Bugwelle entstehen.

Die elektrisch geladenen Teilchen in der rotierenden Sonne lassen ein Magnetfeld entstehen, das an den beiden Sonnenpolen zu je einem Strahl („Jet") gebündelt wird. Diese beiden Jets beschleunigen die positiv und negativ geladenen Ionen in zwei Spiralbahnen um diesen Jet herum, deren Drehrichtungen einander entgegengesetzt sind. Diese Jet/Spiralen-Struktur ist eine Auswirkung der elektro-magnetischen Kraft.

Diese Struktur findet sich auch in einem indisch-tibetischen Symbol: dem Vajra.

Vajra

Es hat ein Kugel-Zentrum, das sich symmetrisch nach entgegengesetzten Richtungen hin ausdehnt (Sonne, Herzchakra).

Die erste Ausdehnung sind die beiden Lotusblüten (Sonnenwind-Raum, Sonnengeflecht/Halschakra).

Die neu entstehende Form sind die jeweils vier Elefantenköpfe, die aus dem Lotus hervorkommen (Stoßfront, Hara/Drittes Auge).

Die Berührung wird durch das Zusammentreffen der vier Elefantenrüssel ganz außen dargestellt (Bugwelle, Wurzelchakra/Scheitelchakra)

Die beiden Stäbe in der Mitte der jeweils vier Elefantenköpfe entsprechen den beiden Jets der Sonne und der Sushumna.

Ursprünglich ist das Vajra bei den Indogermanen und bei den jungsteinzeitlichen Völkern in Mesopotamien ein Symbol des Blitzes gewesen. Es ist auch von den Zauberstäben der germanischen Seherinnen, von den Hethitern und von den Sumerern und Babyloniern bekannt.

Man kann aus diesem Symbol und seiner langen Geschichte zwar nicht darauf schließen, daß die Menschen in der Jungsteinzeit bereits das Chakrensystem oder gar den Sonnenwind gekannt haben, aber es hat den Anschein, als ob die Vorstellung, daß die Welt aus einer Einheit („Tao") heraus durch die Polarisierung in zwei Gegensätze („Yin und Yang") entstanden ist, und ebenso, daß sich die Dinge in drei Schritten aus einem Zentrum heraus entwickeln (die acht „Trigramme" des I Ging), schon sehr alt wäre.

12. c)   Zusammenfassung

Mittlerweile sind einige Eigenschaften der Lebenskraft deutlicher geworden. Diese Eigenschaften sind:

Materie und Lebenskraft

Der Lebenskraftkörper erfüllt andere Aufgaben als das Nervensystem – das Gehirn ist das physische Zentrum, das die Körperfunktionen steuert, und das Herzchakra ist das Lebenskraft-Zentrum, das die Identität (Seele) entfaltet.

Die Lebenskraft ist kein einfaches Abbild der Materie: Der Lebenskraftkörper hat eine andere Struktur und andere Organe als der physische Körper.

Der Lebenskraftkörper eines Menschen entspricht auch nicht den elektromagnetischen Vorgängen, also den chemisch-biologischen Vorgängen im Körper, sondern besitzt andere Strukturen.

Der Lebenskraftkörper ist nicht an die Materie gebunden, sondern ist ein Bindeglied zwischen Materie und Bewußtsein.

Der Lebenskraftkörper tritt auch unabhängig von Materie auf (Astralreise, spukende Geister).

Ort der Lebenskraft

Die Lebenskraft findet sich vermehrt dort, wo sich etwas verändert oder bewegt (Lebewesen, Sonne).

Bewußtsein und Lebenskraft

Ob die Lebenskraft ein einfaches Abbild des Bewußtseins oder der Bewußtseinsinhalte ist, ist zunächst noch unklar, aber aus der Innensicht heraus ist das Chakren-System nicht das, was man als erstes in seinem Bewußtsein wahrnimmt, auch wenn man durch Aufmerksamkeit, Traumreisen und Meditationen dieses System in sich entdecken kann.

Art der Wahrnehmung der Lebenskraft

Sie wird als Licht/Hitze-Phänomen wahrgenommen.

Magie und Lebenskraft

Die Lebenskraft kann durch das Bewußtsein gelenkt werden.
Sie ruft die magischen Phänomene hervor.

Strukturen der Lebenskraft

Die Lebenskraft bildet Strukturen (Chakren) und Dynamiken (Kundalini) aus.

Der Lebenskraftkörper ist ein vollständig symmetrisches System – im Gegensatz zu dem physischen Leib.

Diese Strukturen und Chakren stimmen mit den Strukturen in der Sonne und ihrem Umraum detailreich überein:

- Sonne = Herzchakra
- Sonnenwind-Bereich = Sonnengeflecht und Halschakra
- Stoßfront = Hara und Drittes Auge
- Bugwelle = Wurzelchakra und Scheitelchakra
- Jet = Sushumuna
- zwei Ionen-Spiralen = Ida und Pingala
- Konvektionsströmung = Kundalini

Die Strukturen und Dynamiken im Umraum der Sonne entsprechen genau dem Aufbau des Lebenskraftkörpers mit seinen Chakren und der Kundalini. Diese Übereinstimmung ist zumindestens ein weiteres Beispiel für die gleichen Strukturen in der Physik und in der Magie.

Zu diesen in Physik und Magie übereinstimmenden Strukturen gehören:

- elf Dimensionen/Bereiche als Grundstruktur des Ganzen (Lebensbaum, Superstring-Dimensionen),
- Strukturen des Zentrums und der Umraums (Sonne und Lebenskraftkörper),
- der zwölfgeteilte Kreis als Grundstruktur einzelner Teile des Ganzen (Tierkreis, Superstrings),
- gleiche Winkel-Qualitäten in Physik und Astrologie.

Diese Beobachtungen lassen sich noch einmal zusammenfassen:

Essenz

Die Lebenskraft ist weder die Materie noch das Bewußtsein und sie ist auch kein Abbild der Materie, sondern besitzt zumindestens im Lebenskraftkörper des Menschen eine eigene Struktur (Chakren, Kundalini), die mit der Struktur der Sonne und ihres Umraumes detailreich übereinstimmt.

Im Zentrum der Strukturen des Lebenskraftkörpers des Menschen steht die Identität des betreffenden Menschen (Seele im Herzchakra). Das Gehirn ist hingegen das „physische Datenverarbeitungszentrum".

Der menschliche Lebenskraftkörper kann auch unabhängig von einem physischen Leib existieren und handeln (Astralreise, spukende Geister, Reinkarnation).

Ein höheres Maß an physischen Bewegungen und Veränderungen entspricht einem höheren Maß an Lebenskraft (Sonne, Lebewesen). Ein höheres Maß an Lebenskraft entspricht jedoch nicht notwendigerweise auch einem höheren Maß an physischen Bewegungen und Veränderungen (Astralreise). Daraus ergibt sich, daß für Bewegungen und Veränderungen Lebenskraft notwendig ist, aber Lebenskraft nicht sofort auch zu physischen Bewegungen und Veränderungen führt. Sind physische Vorgänge eine Folge der Lebenskraft?

Lebenskraft wird als Licht/Hitze-Phänomen wahrgenommen.

Die Lebenskraft kann durch das Bewußtsein gelenkt werden. Sie ruft die magischen Phänomene hervor.

In den Strukturen in der Physik und in der Lebenskraft bzw. in der Magie gibt es mindestens vier detailreiche Übereinstimmungen: 1. die elf Dimensionen/Bereiche als Grundstruktur des Ganzen (Lebensbaum, Superstring-Dimensionen); 2. Strukturen des Zentrums und der Umraums (Sonne und Lebenskraftkörper), 3. der zwölfgeteilte Kreis als Grundstruktur einzelner

Teile des Ganzen (Tierkreis, Superstrings), und 4. die gleichen Winkel-Qualitäten in Physik und Astrologie.

Schlußfolgerungen

Aus den bisherigen Ergebnissen lassen sich einige Dinge ableiten, die den Charakter der Lebenskraft deutlicher werden lassen:

Die Lebenskraft ist weder die Materie noch das Bewußtsein und auch kein einfaches Abbild von ihnen. Sie ist ein Bindeglied zwischen Materie und Bewußtsein.

Die Lebenskraft kann unabhängig von einer physischen Entsprechung existieren (Astralreise, spukender Geist).

Ein vermehrtes Auftreten von Lebenskraft bedeutet nicht unbedingt auch vermehrte physische Bewegungen und Veränderungen. Hingegen ist bei allen vermehrten physischen Bewegungen und Veränderungen ein größeres Maß an Lebenskraft zu finden.

Das Bewußtsein kann die Lebenskraft lenken (Magie, Chakren-Meditationen, Reiki u.a.).

Aus diesen vier Beobachtungen ergibt sich, daß die Lebenskraft so etwas wie der „Arm" des Bewußtseins ist, mit dessen Hilfe das Bewußtsein die Lebenskraft lenken und die physische Welt beeinflussen kann. Es gibt also eine kausale Folge „Bewußtsein => Lebenskraft => Materie", die sich nicht einfach umkehren läßt.

Diese Folge zeigt sich 1. in der Magie, 2. daran, daß der Lebenskraftkörper unabhängig von einem physischen Leib existieren kann, und 3. daran, daß vermehrte physische Bewegungen und Veränderungen eine höheres Maß an Lebenskraft zur Voraussetzung zu haben scheinen.

In der Magie und in der Astrologie und daher auch in der Lebenskraft lassen sich eine große Zahl an gleichen grundlegenden Strukturen finden.

Diese Strukturen der Lebenskraft stimmen aber nicht unbedingt mit den Strukturen der dazugehörigen Materie überein – so hat der Lebenskraftkörper des Menschen einen anderen Aufbau als sein physischer Körper, aber die Struktur des Lebenskraftkörpers entspricht der Struktur der Sonne und ihres Umraumes.

Zudem ist der Aufbau der Lebenskraft symmetrisch und enthält eine schlichte „Expansions-Dynamik" (Sonne => Umraum; Herzchakra => Chakrensystem).

Sowohl die unterschiedliche Struktur des Lebenskraftkörpers und des physischen Leibes als auch der schlichte Aufbau der Lebenskraft-Struktur lassen vermuten, daß die Struktur des Lebenskraftkörpers und somit auch die Lebenskraft selber näher an der Ursache der Ereignisse stehen als die physische Materie.

Dies entspricht der Überlegung im vorigen Abschnitt, nach der die Lebenskraft der Überbringer der Impulse vom Bewußtsein zur Materie ist.

Schließlich haben einfache Systeme wie eine Sonne und ihr Umraum noch dieselbe Struktur wie der Lebenskraftkörper – anscheinend entwickeln sich andere Strukturen erst ab einer ausreichend großen physischen Komplexität. Das bestätigt noch einmal, daß man die Lebenskraft als die Ursache für die physischen Vorgänge ansehen werden kann.

Das Zentrum des physischen Körpers ist ein Datenverarbeitungszentrum (Gehirn).

Das Zentrum des Lebenskraftkörpers ist die Identität (Seele im Herzchakra).

Dies zeigt, daß der Lebenskraftkörper näher an der „Quelle" und am Bewußtsein steht als der physische Leib.

Diese drei zusammenfassenden Betrachtungen zeigen, daß es eine Wirkungskette gibt, die die drei Bereiche der Welt zusammenfügen: „Bewußtsein => Lebenskraft => Materie".

Diese Wirkungskette ist etwas anderes als die Kausalität im physischen Bereich, da die Lebenskraft kein Teil der physischen Welt ist.

Diese Wirkungskette ist auch etwas anderes als die Analogien im magischen Bereich, da diese Analogien nur eine Struktur und keine Dynamik, also keine zeitliche Folge sind.

Diese Wirkungskette ist auch mehr als der 1. Hauptsatz („Materie ist die Außenseite der Welt – Bewußtsein ist die Innenseite der Welt."), da dieser Satz nur besagt, daß Bewußtsein und Materie zueinander gehören und sich entsprechen. Die Lebenskraft beschreibt hingegen das genauere Verhältnis zwischen Bewußtsein und Materie.

Vermutlich kann man diese Wirkungskette am ehesten als Bewegungen in der komplexen Struktur der Welt ansehen, die sowohl durch die physische Kausalität als auch durch die magischen Analogien geprägt wird. In dieser Struktur scheint der „Entfaltungsimpuls" vom Bewußtsein auszugehen und mithilfe der Lebenskraft die Materie zu gestalten.

Vermutlich ist diese Beschreibung der Lebenskraft nur eine erste vorläufige Skizze und noch nicht das Erfassen ihres eigentlichen Charakters.

12. d)   Lebenskraft und Dunkle Materie

Es läßt sich sicher sagen, daß die Lebenskraft keine Form der bisher bekannten Materie ist – ihr Verhältnis zur „Dunkle Materie", die die Astronomen in den Galaxien im Weltraum beobachtet haben, ist jedoch noch unklar.

Diese Dunkle Materie hat wie die Gravitation eine zusammenziehende Wirkung. Sie ist aufgrund der Bewegungen der Sterne in den Galaxien entdeckt worden, die sich nicht nur durch die „normale Materie" erklären lassen. Es muß den Beobachtungen zufolge fünfmal soviel Dunkel Materie wie normale Materie geben.

Die Dunkle Materie ist auch kein unentdeckter Aspekt der normalen Materie, da sich die einzelnen Galaxien in ihrem Anteil an Dunkler Materie sehr stark unterscheiden – die Angabe „fünfmal so viel Dunkle Materie wie normale Materie" ist nur ein Mittelwert.

Nimmt man noch die „Dunkle Energie" hinzu, sinkt der Anteil der „normalen Materie" an der Gesamt-Masse des Universums auf 4% – 23% ist Dunkle Materie und 73% ist Dunkle Energie (die wegen „$E=mc^2$" auch eine Masse hat).

Da nach wie vor unbekannt ist, worum es sich bei dieser Dunklen Materie und dieser Dunklen Energie handelt, ist auch ihr Verhältnis zur Lebenskraft unklar.

12. e)   Lebenskraft und Bewußtsein

Hat Bewußtsein eine Struktur? – Wenn ja, dann läßt es sich nicht von vornherein ausschließen, daß die Lebenskraft und das Bewußtsein identisch miteinander sind.

Das Bewußtsein besteht zumindestens aus den drei Komponenten „Bewußtsein an sich", „Bewußtseinsinhalte" und „Bewußtseinsschwellen".

Das „Bewußtsein an sich" kann man in der Stille-Meditation erleben, in der alle Gedanken, Gefühle, Bilder und Wahrnehmungen zur Ruhe gekommen sind. Dann ist sich das Bewußtsein nur noch seiner selber bewußt.

Die Bewußtseinsinhalte sind die Gedanken, Gefühle, Bilder, Wahrnehmungen, Erinnerungen usw. Sie sind verschiedene Arten von Informationen, die sich im Bewußtsein befinden.

Die Bewußtseinsschwellen kann man z.B. erleben, wenn man aus einem Traum heraus aufwacht, wenn man sich an etwas zu erinnern versucht, wenn man telepathisch etwas zu erfassen versucht, wenn man in die Stille-Meditation geht, wenn man in einer Meditation oder beim Orgasmus in die Einsgerichtetheit gelangt usw.

Das Bewußtsein hat also eine Struktur, deren Grenzen die Bewußtseinsschwellen und deren Inhalte die Gedanken, Gefühle, Erinnerungen, Wahrnehmungen usw. sind.

Die Struktur des Lebenskraftkörpers, vereinfacht gesagt also die Chakren und die Kundalini, sind eine Struktur, die sich auf die Inhalte des Bewußtseins bezieht:

- Bewußtseinsstille und Identität (Herzchakra),
- Gefühle und Bedürfnisse (Sonnengeflecht und Halschakra),
- Vorstellungen und Standpunkte (Hara und Drittes Auge),
- Kontakt und Wahrnehmung (Wurzelchakra und Scheitelchakra)
- sowie Integration und Heilung (Kundalini).

Weiterhin hat sich bei der Betrachtung der Lebenskraft gezeigt, daß das Bewußtsein durch Wille und Imagination die Lebenskraft prägen kann. Zudem scheint die Lebenskraft zwar immer mit dem Bewußtsein verbunden zu sein, aber sie ist nicht notwendigerweise an eine Substanz gebunden – so wie sich auch das Bewußtsein unabhängig vom Körper räumlich und zeitlich ausdehnen kann.

Ist daher die Lebenskraft das Bewußtsein selber mit seinen Inhalten und Schwellen?

Die Wahrnehmung von Lebenskraft als Leuchten oder als elektrisch-heißes Prickeln wäre dann eine Selbstwahrnehmung des Bewußtseins.

Gibt es ein Phänomen, daß der Annahme widerspricht, daß die Lebenskraft das Bewußtsein selber ist, und daß die Wahrnehmung der Lebenskraft die Wahrnehmung eines Bewußtseins oder eines Aspektes dieses Bewußtseins ist?

Soweit ich es erkennen kann, entsteht durch diese Annahme kein Widerspruch – alle Phänomene lassen sich weiterhin beschreiben, wenn man diese Annahme hinzunimmt.

Da es auch kein Phänomen gibt, daß die Unterscheidung von Bewußtsein und Lebenskraft erfordert, kann man davon ausgehen, daß die Lebenskraft mit dem Bewußtsein identisch ist.

Dieser Betrachtung zufolge würde es drei Formen der Wahrnehmung geben:

1. Das Bewußtsein nimmt etwas Materielles mithilfe der Sinnesorgane wahr (Alltags-Wahrnehmung).

2. Das Bewußtsein nimmt etwas im Bewußtseinsbereich wahr und benutzt

dabei Bilder aus der materiellen Welt (Telepathie, Visionen, Traumreisen, die Zukunft sehen u.ä.).

3. Das Bewußtsein nimmt sich selber oder ein anderes Bewußtsein direkt wahr ohne die Zuhilfenahme von Bildern („direktes Wissen", „Erkennen").

Die direkte Wahrnehmung des Bewußtseins eines anderen Menschen ist ein Erlebnis, das die eigenen Vorstellungen über die Welt deutlich erweitern kann.

Im 2. Fall nimmt man einen Bewußtseinsinhalt in dem Bewußtsein eines anderen (eine Erinnerung o.ä.) oder eine Sache selber (z.B. eine Postkarte in einem Umschlag) wahr – im 3. Fall nimmt man das andere Bewußtsein selber wahr.

Im 2. Fall sieht man, was sich in einem anderen Bewußtsein befindet – also einen Teil seines „Innen"; im 3. Fall sieht man das andere Bewußtsein selber – also sein ganzes „Außen".

Diese Überlegungen zeigen, daß die „neun Sätze" um drei weitere Sätze, die die Lebenskraft beschreiben, ergänzt werden müssen:

---

der drei Hauptsätze

1. Materie ist die Außenseite der Welt – Bewußtsein ist die Innenseite der Welt.
2. Das Bewußtsein wirkt auf die Materie, dessen Innenseite es ist – die Materie wirkt auf das Bewußtsein, dessen Außenseite sie ist.
3. Die Naturwissenschaften haben eine kausale Struktur – das Bewußtsein und die Magie haben eine Struktur aus Analogien.

die drei Lebenskraft-Sätze

1. Die Lebenskraft ist mit dem Bewußtsein identisch.
2. Die Lebenskraft ist die Wahrnehmung des Bewußtseins durch das Bewußtsein und die Darstellung des Wahrgenommen mit Bildern aus der materiellen Welt.
3. Die Lebenskraft, d.h. das Bewußtsein kann sich auch direkt ohne die Zuhilfenahme äußerer Bilder wahrnehmen – z.B. in der Stille-Meditation.

die drei Ergänzungssätze

1. Das Bewußtsein kann sich räumlich und zeitlich ausdehnen.
2. Selbstliebe ruft mühelose Magie („Strahlen") hervor.
3. Gottheiten können „außergewöhnliche Magie" bewirken.

---

die drei Unterpunkte

1. Die Formel „Konzentration · Bindung = Lebenskraft-Fluß" gilt nur für die Willens-Magie.
2. Die Gesamtwirkung bei der Willensmagie ist:
   „Konzentration · Bindung + Konzentration · Taten = Gesamtwirkung"
3. Die Erdung durch kausale Taten ist bei der Willens-Magie förderlich, aber nicht unbedingt notwendig.

---

12. f)   die Stärke der Magie

Nach all diesen Betrachtungen kann man noch einmal neu überlegen, ob es eine Möglichkeit gibt, Magie mit Zahl und Maß zu messen.

Zu nächst einmal fällt es auf, daß die „Stärke" der Magie nicht kontinuierlich, sondern schrittweise wächst:

Magie-Stärke			
Maß	*Bereich*	*Thema der Magie*	*Phänomen (Beispiel)*
stark	Gottheiten	Verwandlung von Materie	z.B. Tote erwecken
		Bewegung von Materie	z.B. Telekinese, Levitation
	Psyche	Lenkung des Zufalls	z.B. eine Beziehung finden
schwach		Informationen	Telepathie

Es stellt sich daher vorrangig die Frage, in welchen dieser vier Bereiche man handlungsfähig ist – und weniger, wie stark man in einem dieser Bereiche ist.

Man könnte jedoch trotzdem versuchen, die Stärke der Magie innerhalb eines Bereichs zu messen:

Bei der Telepathie könnte man sich an der Genauigkeit und Komplexität der Informationen orientieren, die man erlangen kann.

Bei der Lenkung des Zufalls könnte man die (Un-)Wahrscheinlichkeit des Zufalls, den man bewirkt hat, berechnen.

Bei der Bewegung von Materie könnte man das Gewicht der Materie messen.

Bei der Verwandlung von Materie könnte man schließlich von der Masse der verwandelten Materie und von dem Grad der Verwandlung ausgehen.

Da viele Formen der außergewöhnlichen Magie (Gottheiten), aber auch der gewöhnlichen Magie (Psyche) eher mühelos ablaufen, ist es grundsätzlich fraglich, ob diese Frage nach der Stärke der Magie eigentlich einen Sinn macht. Die Frage nach der Ebene, auf der man in magischer Hinsicht wahrnehmungs- und handlungsfähig ist, ist zum einen leichter zu beantworten und zum anderen ist die Antwort darauf auch deutlich informativer.

Die Ebene, auf der man magisch handlungsfähig ist, hängt davon ab, über welche Bewußtseinsschwellen man jederzeit oder zumindestens manchmal gehen kann. Das Problem beim Überschreiten solcher Schwellen ist ganz einfach die Tatsache, daß man dann das sieht, was hinter dieser Schwelle liegt. Wenn man das in die eigene Psyche integrieren kann, kann man die Schwelle überschreiten – wenn man das Gesehene nicht integrieren kann, hat man Angst davor, diese Schwelle zu überschreiten.

Daher ist das Heilen der eigenen Psyche die Voraussetzung für effektive Magie, die über Willens-Magie hinausgeht. Wenn man den Kontakt zu der eigenen Seele im Herzchakra gefunden hat, kann man zu der Gottheiten-Magie gelangen.

12. g)   Bewußtseinsschwellen und Magie

Die Stärke der Magie hängt davon ab, wie groß der Bereich ist, den das Bewußtsein bei dem Aussprechen eines magischen Wunsches umfaßt:

Wenn dieser Bewußtseins-Bereich nur das normale Alltags-Wachbewußtsein ist, geschieht nichts Magisches.

Wenn dieser Bewußtseins-Bereich auch die Psyche umfaßt, also den Lebenskraftkörper eines Menschen, entsteht die normale Willens-Magie.

Wenn dieser Bewußtseins-Bereich auch die Seele umfaßt, wird diese Willens-Magie widerspruchsfrei und mühelos.

Wenn dieser Bewußtseins-Bereich auch den Bereich der Gottheiten umfaßt (Vertrauen in eine Gottheit, Invokation), dann kann die außergewöhnliche Magie (Wunder) entstehen.

Wenn dieser Bewußtseins-Bereich auch Gott, d.h. die gesamte Welt umfaßt, entsteht das Bejahen der Dinge – und es gibt vermutlich keinen Unterschied mehr zwischen Magie und Nicht-Magie.

Für die Magie sind daher die Bewußtseinschwellen, die den eigenen Bewußtseins-bereich gegen das Bewußtsein anderer Menschen, das Bewußtsein der Natur, das Bewußtsein von Gottheiten usw. abgrenzen, von großer Bedeutung. Die Reichweite des Bewußtseins endet an der Schwelle, hinter der sich etwas befindet, was man noch nicht kennengelernt und in das eigene Bewußtsein (in die eigene Psyche) integriert hat.

Solange man sich die eigenen Gefühle, Gedanken, Willensimpulse und inneren Bilder nicht genauer anschaut, bleibt das Bewußtsein auf den Körper, d.h. auf das Alltags-Wachbewußtsein beschränkt.

Wenn man die eigene Psyche erforscht und sich mit ihren Inhalten ange-freundet hat, hat man auch Kontakt zu der Lebenskraft in sich erlangt und kann Willens-Magie ausüben.

Solange man nicht nach der eigenen Mitte, nach dem eigenen Ursprung sucht, kennt man seine Seele nicht und daher auch nicht die „Tonart" des eigenen Lebens. Solange das Erlebnis der eigenen Seele fehlt, ist die Magie mühsam, weil man sich ständig mit Details der Psyche beschäftigen muß und nicht die gemeinsame Quelle aller Inhalte der Psyche in dem Strahlen der Seele kennt.

Wenn man in seiner Mitte, in seiner Seele ruht, wird die Magie mühelos, weil sie dann widerspruchsfrei aus einem Zentrum heraus fließt.

Solange man nicht nach der Verbindung mit dem Bewußtsein der Welt außerhalb der eigenen Psyche (Krafttier, Ahnen, Gottheiten, Mutter Erde usw.) sucht, bleibt die Wirkung der Magie auf die Größe der eigenen Lebens-kraft beschränkt – normale Willens-Magie.

Wenn man jedoch sein Krafttier kennt und integriert hat, sich mit seinen Ahnen versöhnt hat, eine Freundschaft zu einigen Gottheiten aufgebaut hat u.ä., dann kann in der eigenen Magie deren Bewußtsein (Lebenskraft) mit-schwingen, was eine deutlich stärkere Magie ermöglicht – außergewöhnliche Magie.

Solange man nicht mit dem Gesamtbewußtsein der Welt (Gott) verbunden ist, wird man nur gelegentlich außergewöhnliche Magie ausüben können.

Wenn man jedoch „in Gott ruht", endet der Unterschied zwischen Magie und Nicht-Magie. Aber das ist ein sehr fernes Ziel …

Man kann diese Bewußtseinsschwellen überschreiten, indem man mutig ist und sich das Unbekannte anschaut, es kennenlernt, ihm einen Platz in sich selber gibt, sich mit ihm anfreundet und es dadurch integriert.

Der Anfang dieser Integration ist das Innehalten, Hinschauen und Aufmerksamsein. Oft ist dieser Anfang auch einfach ein sich-Erinnern.

Es gibt drei Dinge, die diese Integration vor größere Probleme stellen kann:

> Ein Trauma ist die Erinnerung an ein heftiges, unverarbeitetes Erlebnis – ein Trauma ist also ein Teil der Psyche, der noch nicht integriert ist. Das bedeutet, daß diese Erinnerung wie eine Konservendose ist, die in den Kellergewölben der eigenen Psyche auf einem Regal liegt und unter Hochdruck steht und vor sich hin rappelt. Ein Trauma ist eine große Menge Lebenskraft, die in einem endlosen, streßgeladenen Kreislauf gefangen ist, in dem dieselbe kurze Bilderfolge endlos wiederholt wird.
>
> Solange es in der Psyche noch Traumata gibt, die nicht aufgelöst worden sind, ist Magie zwar keineswegs unmöglich, aber ihre Wirkung ist eingeschränkt und ihre Ziele stimmen nicht ganz mit dem überein, was man eigentlich will, da die Angst, der Schmerz und die Sucht in dem Trauma die Ziele verzerrt.
>
> Traumata können einem an dem Übergang von dem Alltags-Wachbewußtsein zur Psyche begegnen – wenn man ganz ehrlich in sich hineinschaut.
>
> Das zweite häufige Hindernis ist die Angst vor dem eigenen Tod, da diese Angst dazu führen kann, daß man nicht das tut, was man eigentlich tun will, und statt voll Freude zu dem eigenen Lebenslied zu tanzen ständig nach Sicherheit sucht.
>
> Solange die Angst vor dem Tod noch eine wichtige Rolle in der Psyche spielt, wird man ständig auf Sicherheit bedacht sein – und man wird möglicherweise Schwierigkeiten haben, die eigenen Seele kennenzulernen, da diese mit dem Tod assoziiert ist, da die Seele schon vor der eigenen Zeugung da gewesen ist und auch noch nach dem eigenen Tod da sein wird.
>
> Die Angst vor dem Tod begegnet einem an dem Übergang von der Psyche zur Seele – wenn man ernsthaft nach sich selber zu suchen beginnt.
>
> Das dritte Hindernis, das allerdings nicht mehr so häufig wie die beiden anderen auftritt (da nicht jeder die Welt so genau ergründet), ist das Erlebnis der Grenzauflösung. Solange man noch in der Selbstdefinition durch die Abgrenzung zu allem anderem lebt, ist die Auflösung dieser Abgrenzungen zu allem anderen extrem bedrohlich, da man dies als Selbstverlust erlebt.
>
> Solange man sich noch über seine Grenzen definiert statt durch die eigene

Qualität (solange man noch nicht in der eigenen Seele ruht), ist es kaum möglich, die Abgrenzungen zur Welt aufzugeben. Das erschwert natürlich den intensiven Kontakt mit Gottheiten ganz erheblich, da diese eben von ihrer Natur aus fast grenzenlos und daher viel größer als eine menschliche Psyche sind. Wenn man sich als Wassertropfen erlebt, der nur durch die Abgrenzung zu allem anderen Wasser als Tropfen weiterexistieren kann, ist es schwer, sich ins Meer fallen zu lassen …

Diese Angst vor dem „bodenlosen Abgrund", vor der Selbstauflösung begegnet einem an dem Übergang von dem Bereich der Seele zu dem Bereich der Gottheiten.

Um diese Bewußtseinsschwellen in die Beschreibung der Magie mitaufzunehmen, müssen die bisher zwölf Sätze durch drei Bewußtseins-Sätze ergänzt werden:

der drei Hauptsätze

1. Materie ist die Außenseite der Welt – Bewußtsein ist die Innenseite der Welt.
2. Das Bewußtsein wirkt auf die Materie, dessen Innenseite es ist – die Materie wirkt auf das Bewußtsein, dessen Außenseite sie ist.
3. Die Naturwissenschaften haben eine kausale Struktur – das Bewußtsein und die Magie haben eine Struktur aus Analogien.

der drei Bewußseins-Sätze

1. Das Bewußtsein besteht aus dem Bewußtsein an sich, den Bewußtseinsinhalten und den Bewußtseinsschwellen.
2. Die Bewußtseinsinhalte ergeben sich aus der Wahrnehmung der Welt (siehe den 1. Hauptsatz). Die Bewußtseinschwellen ergeben sich daraus, was ein Mensch in seine Psyche integriert hat und was nicht.
3. Die Stärke der Magie hängt davon ab, wie groß der Bereich ist, mit dem das Bewußtsein verbunden ist und dessen Inhalte in die Psyche integriert sind.

die drei Lebenskraft-Sätze

1. Die Lebenskraft ist mit dem Bewußtsein identisch.
2. Die Lebenskraft ist die Wahrnehmung des Bewußtseins durch das Bewußtsein und die Darstellung des Wahrgenommen mit Bildern aus der materiellen Welt.
3. Die Lebenskraft, d.h. das Bewußtsein kann sich auch direkt ohne die Zuhilfenahme äußerer Bilder wahrnehmen – z.B. in der Stille-Meditation.

die drei Ergänzungssätze

1. Das Bewußtsein kann sich räumlich und zeitlich ausdehnen.
2. Selbstliebe ruft mühelose Magie („Strahlen") hervor.
3. Gottheiten können „außergewöhnliche Magie" bewirken.

die drei Unterpunkte

1. Die Formel „Konzentration $\cdot$ Bindung = Lebenskraft-Fluß" gilt nur für die Willens-Magie.
2. Die Gesamtwirkung bei der Willensmagie ist:
   „Konzentration $\cdot$ Bindung + Konzentration $\cdot$ Taten = Gesamtwirkung"
3. Die Erdung durch kausale Taten ist bei der Willens-Magie förderlich, aber nicht unbedingt notwendig.

13. Beschreibungen der Arten der Magie

Durch die bisherigen Betrachtungen in diesem Buch ist zwar noch keine (mathematische) Magie-Formel gefunden worden, aber ein einfaches Modell (die „15 Sätze"), durch das alle magischen Phänomene beschrieben werden können.

In diesem Kapitel werden nun alle wichtigen Magie-Formen mithilfe dieses Modells beschrieben.

13. a) Wahrnehmungen

Alle Punkte in diesem Abschnitt können durch den 1. Ergänzungssatz beschrieben werden: „Das Bewußtsein kann sich räumlich und zeitlich ausdehnen."

Telepathie

Bei der Telepathie weitet sich das Bewußtsein auf das aus, worüber es etwas erfahren möchte.

Traumreisen

Bei der Telepathie erscheint die gesuchte Information im Bewußtsein des Menschen. Bei einer Traumreise erfaßt das Bewußtsein eine ganz Szenerie und oft auch einen Handlungsablauf – ähnlich wie in einem Traum. Dadurch sind die Informationen bei einer Traumreise oft deutlich detaillierter als bei der einfachen Telepathie.

Hellsehen

Das Hellsehen im eigentlichen Sinne ist das „Sehen von etwas Hellem", also die Wahrnehmung des leuchtenden Lebenskraftkörper eines Menschen oder eines anderen Wesens. Auch dies ist eine Ausweitung der Wahrnehmung.

Der Begriff „Hellsehen" wird auch oft ungenau für das Vorhersehen der Zukunft verwendet.

Visionen

Visionen können vieles Verschiedenes sein. Manchmal wird sogar schon eine telepathische Wahrnehmung oder eine Traumreise als „Vision" bezeichnet. Im engeren Sinne ist eine „Vision" etwas, was man sieht, also etwas, was plötzlich erscheint und nicht zum normalen Alltag gehört.

Zu diesen Visionen gehört z.B. das in einem früheren Kapitel dieses Buches bereits geschilderte Flötenspiel des Pan, daß ich zusammen mit meinem Zauberlehrer bei einer Pan-Anrufung im Wald gehört habe. Auch die Beschwörung von Geistern, die man dann vor sich sieht, kann man zu den Visionen zählen (so wie Faust den Mephistopheles beschworen hat).

Oft sind diese Visionen wie ein Kommentar zu dem, was man gerade gemacht hat. So habe ich z.B. einmal im Wald über die Runen meditiert, ihre Haltungen angenommen und ihre Namen gesungen. Am Ende dieser Meditation stürzte sich ein Adler vom Himmel und landete vor mir auf der Erde, verwandelte sich in eine Schlange und kroch ins Gebüsch davon. Ich bin so verdutzt gewesen, daß ich im Gebüsch nach der Schlange und auf dem Erdboden nach Spuren von den Adlerkrallen gesucht habe, bis mir klar wurde, daß das eine Vision gewesen ist.

Der Unterschied zwischen einer Vision und einer Halluzination ist, daß eine Vision in dem Kontext, in dem sie erscheint, wie ein Gespräch der Welt oder eines herbeigerufenen Wesens mit einem selber ist. Die Vision ergibt also einen Sinn – wie z.B. das Flötenspiel des Pan. Eine Halluzination ist hingegen ein Bild aus der eigenen Psyche – in der Regel das Bild eines verdrängten und gefürchteten Bewußtseinsinhalts. Daher sind Visionen im Gegensatz zu Halluzinationen hilfreich und beeinträchtigen in der Regel auch nicht den Realitätssinn des betreffenden Menschen.

13. b) Analogien in der Welt

Alle Punkte in diesem Abschnitt können durch den 3. Hauptsatz beschrieben werden: „Die Naturwissenschaften haben eine kausale Struktur – das Bewußtsein und die Magie haben eine Struktur aus Analogien."

Analogien

Analogien sind das Ordnungsprinzip der Magie. Die Naturwissenschaften betrachten kausale, also zeitliche Abläufe, die Magie betrachtet hingegen qualitative Koppelungen.

Astrologie

In der Astrologie ist die Analogie-Struktur offensichtlich: Der Planetenstand entspricht dem Charakter eines Menschen.

Mythen

Mythen sind eine Beschreibung der Welt mithilfe von Analogien, die den Einzelnen in ein großes, umfassendes und in der Regel zyklisches Bild stellen.

Omen

Bei einem Omen betrachtet man ein auffälliges Ereignis und benutzt den Charakter dieses Ereignisses als Antwort auf eine Frage oder als Kommentar zu einem Thema, mit dem man sich gerade beschäftigt hat.

Orakel

Ein Orakel ist ein absichtlich herbeigeführtes Omen: Man zieht zu einer Frage eine Tarotkarte, wirft Münzen für das I Ging oder benutzt die Geomantie.

Kabbala

Der Lebensbaum aus der Kabbala ist eine Struktur, die in allen Dingen enthalten ist – ähnlich wie das chinesische Yin-Yang-Prinzip oder die anthroposophische Dreigliederung.

Der Vorteil des Lebensbaumes ist, daß er ca. 40 Bestandteile und somit eine sehr differenzierte Struktur hat. Mit ihrer Hilfe lassen sich Erkenntnisse aus einem Bereich, die man mithilfe des Lebensbaumes strukturiert hat, in alle anderen Bereiche übertragen – man versteht dann den Aufbau eines jeden Bereiches sehr viel schneller und gründlicher.

So habe ich z.B. einmal, als ich immer wieder an einer bestimmten Stelle beim Meditieren Angst bekommen habe, nach der Stelle auf dem Lebensbaum gesucht, die dieser Angst entspricht, und dann geschaut, welche Strukturen und Dynamiken sich an dieser Stelle des Lebensbaumes in der Kernphysik und in der Astronomie finden. Ich hatte diese beiden Wissenschaften ausgewählt, weil sie die beiden detailreichsten und grundlegendsten Wissenschaften sind. Nachdem ich die so gefundene Struktur als Struktur für eine Meditation benutzt habe, konnte ich meine Angst auflösen – es ging bei dieser Angst um das Loslassen jeglicher Form und vor allem meiner eigenen Grenzen.

Kontakt-Magie

Bei dieser Form der Magie wird die Analogie durch einen Kontakt hergestellt: durch das Segnen durch Handauflegen, durch ein Haar in einem Woodoo-Püppchen, durch das Einnehmen eines homöopathischen Kügelchens u.ä.

13. c)   Geister, Götter und Gott

menschliche Geister

In spiritistischen Sitzungen und in Familienaufstellungen wird auf unterschiedliche Weise mit den Ahnen gesprochen. In den spiritistischen Sitzungen funktioniert dies meistens mit einem Buchstaben-System, aus denen sich die Antwortsätze ergeben – manchmal werden die Antworten jedoch auch innerlich gehört. Bei den Familienaufstellungen kommen die Antworten als „intuitive Darstellung" der Ahnen durch Gesten, Worte, Handlungen u.ä. zustande.

Eine heutzutage etwas drastisch anmutende Form sind Totenbeschwörungen (Evokation), bei denen die Toten wie in einer Vision mehr oder minder deutlich vor einem erscheinen und sprechen. Dieses Erlebnis gleicht weitgehend dem eines spukenden Geistes – nur das man den spukenden Geist nicht herbeigerufen hat.

Zur Erklärung dieser Phänomene braucht man in der Regel nur den 1. Ergänzungssatz: „Das Bewußtsein kann sich räumlich und zeitlich ausdehen."

Im Falle eines Poltergeistes, der vor allem akustische Phänomene hervorruft oder Dinge bewegt, kommt noch der 2. Hauptsatz hinzu: „Das Bewußtsein wirkt auf die Materie, dessen Innenseite es ist – die Materie wirkt auf das Bewußtsein, dessen Außenseite sie ist."

Reinkarnation

Bei der Reinkarnation verfügt ein Mensch über die Erinnerungen eines Menschen, der bereits vor der Geburt des lebenden Menschen gestorben ist. Der lebende Mensch erlebt sich dabei als die Fortführung des toten Menschen, also als weitgehend identisch mit ihm.

Für die Beschreibung dieses Phänomens wird vor allem der 1. Ergänzungssatz benötigt: „Das Bewußtsein kann sich räumlich und zeitlich ausdehen."

Falls man davon ausgeht, daß das Bewußtsein des Toten sich sozusagen in die Zukunft weiterbewegt hat (eben als Totengeist) und sich dann an einen neuen Körper gebunden hat, könnte man diesen Vorgang nicht nur als eine Informationsübertragung (1. Ergänzungssatz), sondern auch als eine Prägung der Materie, d.h. des Neugeborenen und seiner Lebensumstände ansehen. Dann wäre auch der 2. Hauptsatz zur Beschreibung der Reinkarnation notwendig: „Das Bewußtsein wirkt auf die Materie, dessen Innenseite es ist – die Materie wirkt auf das Bewußtsein, dessen Außenseite sie ist."

andere Geister

Pflanzengeister („Elfen", Kraftpflanzen, pflanzliche Globuli), Tiergeister (Krafttiere, Tier-Globuli) und Mineralgeister („Zwerge", Kraftsteine, mineralische Globuli) unterscheiden sich von den Ahnen der Menschen vor allem dadurch, daß sie Gruppengeister sind und keine individuellen Geister – aber das kann auch daran liegen, daß man in der Regel z.B. mit dem allgemeinen Krafttier Giraffe eines Menschen zu tun hat und nicht mit dem individuellen Geist einer Giraffe, die das eigene Haustier gewesen ist.

Ich habe durchaus auch schon Kontakt zu dem Geist sowohl lebender als auch verstorbener individueller Tiere gehabt. Dieser Fall tritt heutzutage vor allem dann auf, wenn sich ein Mensch um die Gesundheit seines Haustieres sorgt oder den Tod seines Haustiers nicht verarbeiten kann.

Wie bei den Ahnen-Geistern wird für die Beschreibung dieses Phänomens vor allem der 1. Ergänzungssatz benötigt: „Das Bewußtsein kann sich räumlich und zeitlich ausdehen." Dies gilt auch für den Kontakt zu dem eigenen Krafttier, der eigenen Kraftpflanze und dem eigenen Kraftstein und genauso auch zu der jeweiligen Muttergottheit einer Tierart (der man im Zusammenhang mit den Krafttieren begegnen kann) und auch den entsprechenden Gottheiten einer Pflanzenart oder einer Mineralart.

Homöopathie

Die Homöopathie ist eine praktische Anwendung der Wirkung, die der Kontakt mit einem der Naturgeister aus dem Tier-, Pflanzen und Mineralreich hat.

Da durch diesen Kontakt jedoch auch eine Heilung bewirkt wird, ist hier zur Beschreibung neben dem 1. Ergänzungssatz: „Das Bewußtsein kann sich räumlich und zeitlich ausdehen." auch noch der 2. Hauptsatz notwendig: „Das Bewußtsein wirkt auf die Materie, dessen Innenseite es ist – die Materie wirkt auf das Bewußtsein, dessen Außenseite sie ist."

Götter

Der Kontakt zu Gottheiten ist vom Vorgang her im Wesentlichen genauso wie der zu den Ahnen und zu den Naturgeistern. Der Unterschied besteht vor allem darin, daß das Erlebnis einer Gottheit anderes ist als das Erlebnis eines Ahns, eines Naturgeistes oder auch das Erlebnis der eigenen Seele – eine Gottheit ist einerseits einfacher und andererseits viel größer. Auch die Auswirkungen der Bitten an eine Gottheiten sind in der Regel größer als die Wirkungen der Bitten an einen Ahn oder einen Naturgeist – wobei auch schon ein homöopathisches Globuli eine heftige Wirkung haben kann.

Der intensivste Kontakt zu einer Gottheit ist die Anrufung („Invokationen") , bei der man sich als von der Gottheit erfüllt und als (vorübergehend) mit ihr identisch erlebt.

Aufgrund der Veränderungen der eigenen Lebensumstände durch manche Anrufungen von Gottheiten sind zu der Beschreibung dieses Erlebnisses sowohl der 1. Ergänzungssatz: „Das Bewußtsein kann sich räumlich und zeitlich ausdehen." als auch auch der 2. Hauptsatz notwendig: „Das Bewußtsein wirkt auf die Materie, dessen Innenseite es ist – die Materie wirkt auf das Bewußtsein, dessen Außenseite sie ist."

Gott

Das Erleben von Gott ist nur schwer durch Worte beschreibbar – es ist das Erleben einer strahlenden, homogenen, in sich ruhenden und sich selber erfüllenden, ungeteilten, unstrukturierten, allem zugrundeliegenden, leuchtenden Einheit.

Man kann dieses Erlebnis mit der Kombination aus dem 1. Hauptsatz („Materie ist die Außenseite der Welt – Bewußtsein ist die Innenseite der Welt."), dem 2. Hauptsatz („Das Bewußtsein wirkt auf die Materie, dessen Innenseite es ist – die Materie wirkt auf das Bewußtsein, dessen Außenseite sie ist.") und dem 1. Ergänzungssatz („Das Bewußtsein kann sich räumlich und zeitlich ausdehen.") beschreiben.

13. d)   Wille

Willens-Magie

Die Willens-Magie geht von einem einem Wunsch in der Psyche aus und lädt diesen Wunsch durch Analogien und Konzentration mit Lebenskraft auf, sodaß er sich verwirklicht.

Diese Form der Magie kann man mit dem 3. Hauptsatz („Die Naturwissenschaften haben eine kausale Struktur – das Bewußtsein und die Magie haben eine Struktur aus Analogien.") und den drei Unterpunkten, die sich allesamt auf die Willens-Magie beziehen, beschreiben („Die Formel 'Konzentration · Bindung = Lebenskraft-Fluß' gilt nur für die Willens-Magie.", „Die Gesamtwirkung bei der Willensmagie ist: 'Konzentration · Bindung + Konzentration · Taten = Gesamtwirkung'" und „Die Erdung durch kausale Taten ist bei der Willens-Magie förderlich, aber nicht unbedingt notwendig.").

Hypnose und Fernhypnose

Bei der Hypnose rufen die Worte des Hypnotisieurs eine Reaktion in der Psyche des Hypnotisierten hervor – der Hypnotiseur stellt sich an die Stelle des bewußten Ichs des Hypnotisierten und spricht dann mit einzelnen Bewußtseinsinhalten.

Die Hypnose ist jedoch auch in hohem Maße ein telepathischer Vorgang und bisweilen auch ein telepathischer Willenskampf zwischen zwei Menschen, wenn die Hypnose nicht ganz freiwillig ist. Der telepathische Aspekt wird bei der Fernhypnose deutlich, bei der der Hypnotiseur einen Menschen hypnotisiert, der evtl. einige Kilometer entfernt ist.

Im Grunde gibt es derartige hypnotische Vorgänge ziemlich häufig: In vielen Debatten versuchen ein Mensch oder mehrere Menschen, ihre Meinung „durchzudrücken", indem sie so dominant wie möglich sind und danach streben, den gesamten Raum einzunehmen.

Dieser Vorgang läßt sich mit dem 1. Ergänzungssatz beschreiben: „Das Bewußtsein kann sich räumlich und zeitlich ausdehen."

13. e)   Der Lebenskraft-Fluß

Die Lebenskraft ist die direkte Wahrnehmung der Strukturen eines anderen Bewußtseins. Diese Wahrnehmungen bestehen vorwiegend aus optischen Eindrücken, aber können auch als elektrisch prickelnde Hitze wahrgenommen werden.

der Lebenskraftkörper

Die Lebenskraft ist das von außen her wahrgenommene Bewußtsein eines anderen Menschen oder eines Tieres, einer Pflanze oder eines Gegenstandes.

Der Lebenskraftkörper ist der Anteil eines Menschen an der allgemeinen Lebenskraft – so wie der physische Körper sein Anteil an der allgemeinen Materie ist. Die „Organe" des Lebenskraftkörpers sind die Chakren; sein Kreislauf ist die Kundalini.

Der Lebenskraftkörper kann sich auch unabhängig von dem physischen Körper bewegen – bei dem Verlassen des Körpers im Schlaf ist dies unbewußt und bei der willentlichen Astralreise bewußt.

Der Lebenskraftkörper ist in gewisser Weise die Gestalt des Bewußtseins – daher läßt er sich mit dem 1. Hauptsatz beschreiben: „Materie ist die Außenseite der Welt – Bewußtsein ist die Innenseite der Welt."

interner Lebenskraftfluß

Der interne Lebenskraft-Fluß ist die Kundalini.

Sie läßt sich mit dem 1. Hauptsatz beschreiben: „Materie ist die Außenseite der Welt – Bewußtsein ist die Innenseite der Welt."

externer Lebenskraftfluß

Der externe Lebenskraftfluß findet sich in verschiedenen Lebenskraft-Bindungen zwischen zwei Menschen (Mutter-Kind; Abhängigkeiten, Liebeszauber u.a.), im Heilen durch Handauflegen, Reiki u.ä., im Segnen, im Karate und auch in einigen anderen Kampfsportarten, im Lebenskraft-Vampirismus usw. und am deutlichsten in der Astralreise.

Sie lassen sich mit dem 1. Hauptsatz beschreiben: „Materie ist die Außenseite der Welt – Bewußtsein ist die Innenseite der Welt."

13. f) Zeit

die Zukunft sehen

Entsprechend dem 1. Ergänzungssatz („Das Bewußtsein kann sich räumlich und zeitlich ausdehen.") hat das Bewußtsein die Möglichkeit, auch Dinge wahrzunehmen, die sich in großer Ferne befinden, weit in der Vergangenheit liegen oder noch garnicht stattgefunden haben und noch in der Zukunft liegen.

Überbrücken von Zeit

Durch den 1. Ergänzungssatz („Das Bewußtsein kann sich räumlich und zeitlich ausdehen.") wird auch die Reinkarnation beschrieben sowie die Möglichkeit, aus Fossilien wirksame homöopathische Mittel herzustellen.

13. g) Heilungen und Flüche

Um Heilungen und Flüche zu beschreiben, benötigt man den 2. Hauptsatz („Das Bewußtsein wirkt auf die Materie, dessen Innenseite es ist – die Materie wirkt auf das Bewußtsein, dessen Außenseite sie ist.") und evtl. noch den 1. Ergänzungssatz („Das Bewußtsein kann sich räumlich und zeitlich ausdehen.").

Heilungen

Bei Heilungen wird der Zustand des Körpers plötzlich verändert. Der Extremfall ist die Wiedererweckung eines Toten.

Flüche

Flüche sind das Gegenstück zu den Heilungen – Todesflüche sind das Gegenstück zu der Auferweckung von Toten. Es gibt sowohl Flüche gegen Einzelne als auch Flüche gegen eine Gruppe wie z.B. gegen ein ganzes Heer.

13. h)   Bewegen, Verwandeln und Materialisieren von Materie

Für die Beschreibung aller Phänomene in diesem Abschnitt benötigt man den 2. Hauptsatz („Das Bewußtsein wirkt auf die Materie, dessen Innenseite es ist – die Materie wirkt auf das Bewußtsein, dessen Außenseite sie ist.") und evtl. noch den 1. Ergänzungssatz („Das Bewußtsein kann sich räumlich und zeitlich ausdehen.").

Telekinese

Die Telekinese gehört eigentlich zu der „außergewöhnlichen Magie", da bei ihr Materie verändert wird (Teilung des Jordan u.ä.). Das Drehen eines Papierrädchens („Telekinese-Heimtrainer") ist jedoch aufgrund der geringen Kraft, die dafür benötigt wird, auch mit der normalen Willens-Magie möglich.

Nebenbei gesagt wäre es interessant, eine möglichst genaue Skizze von dem Teilen des Jordans zu haben, durch das eine Furt zwischen zwei Mauern aus Wasser entstanden ist. Anhand dieser Skizze könnte man sehen, ob das Wasser des Jordan gestaut worden ist, oder ob es auf der einen Seite dematerialisiert und auf der anderen Seite dann wieder rematerialisiert worden ist oder ob noch etwas anderes dabei geschehen ist. Diese Skizze könnte evtl. zeigen, ob bei dieser Form der Magie weiterhin die physikalischen Erhaltungssätze wirken.

Teleportation

Materialisierungen kann man als die Kombination einer De-Materialisierung an einem Ort und einer Re-Materialisierung an einem anderen Ort auffassen.

Verwandlungen

Vermutlich wird bei dieser Form der Magie das, was anfangs da gewesen ist (z.B. Wasser) dematerialisiert und an einem anderen Ort rematerialisiert, während das, was anschließend da ist (Wein), an einem anderen Ort dematerialisiert und dann anstelle des Wassers rematerialisiert wird.

Leider ist es ziemlich schwierig nachzuprüfen, ob diese Deutung von Verwandlungen zutrifft. Wenn man davon ausgeht, daß nichts gegen die Erhaltungssätze verstoßen kann, wäre dies die einfachste Erklärung.

Vermehrung

Die Vermehrung von Speisen kann man als Teleportation deuten, auch wenn diese Deutung wackelig ist – woher sind die vielen Fische und Brote bei der „Speisung der Fünftausend" gekommen? Ist das eine Teleportation mit einer vorhergehenden „telekinetischen Jagd" auf Fische im See Genezareth und einem „telekinetischen Brotbacken" aus Getreide gewesen?

Bei der Bilokation, also dem Erscheinen eines Menschen an zwei Orten gleichzeitig, wird es ernsthaft schwierig, dies nur mit Materialisierungen zu erklären. Man müßte schon das Anfertigen einer „Kopie" dieses Menschen aus neuen Atomen und seine anschließende Wiederauflösung hinzunehmen.

Diese Probleme fallen weitgehend fort, wenn man die Bilokationen weitgehend als Visionen auffassen würde.

Levitation

Die von vielen Mystikern und Magiern aus verschiedenen Kulturen berichtete Levitation („Schweben") kann man wie das Schwimmenlassen von Eisen auf Wasser u.ä. als eine Sonderform der Telekinese auffassen: Es wird etwas ohne physische Hilfsmittel bewegt.

Das „Gehen über Wasser", das von Christus, aber auch von einigen Yogis wie z.B. Naropa bekannt ist, ist eine Form der Levitation.

Feuerzauber

Auch die verschiedenen Feuerzauber wie der Feuerlauf, das Gottesurteil (die Hände unverletzt in siedendes Öl tauchen müssen u.ä.) oder das Herbeirufen von Feuer durch ein Gebet lassen sich als Formen der Telekinese beschreiben.

13. i) Zustände des Bewußtseins

Die verschiedenen Strukturen und Dynamiken des Bewußtseins sind keine magischen Phänomene, sondern mögliche Zustände und Vorgänge im Bewußtsein, die jedoch mit dem Bewirken von Magie in engem Zusammenhang stehen.

Zu diesen Bewußtseins-Elementen zählt das Bewußtsein an sich, die Bewußtseinsinhalte, die Bewußtseinsschwellen (sie werden durch die Integration der Psyche

„durchsichtig"), die Konzentration, die Gedankenstille, die Meditation, die Traumreisen, die Selbstliebe, die Einsgerichtetheit, die Einsicht und der Entschluß, die Erdung, der „kurzsichtige Egoismus" und der „weitsichtige Egoismus", die Belehrung und die Kraftübertragung durch einen Lehrer, kranke Formen der Konzentration wie Zwänge und Phobien sowie noch viele andere Dinge mehr.

13. i) Methoden der Magie

Die meisten Methoden der Magie dienen entweder der Konzentration oder der Herstellung von Analogien.

Statuen, Bilder, Symbole und Imaginationen helfen bei der Ausrichtung auf ein Ziel.

Analogien, Kontakt-Magie, die Wahl günstiger astrologischer Zeitpunkte (Transite) und die Anrufung von Ahnen oder Gottheiten dienen dazu, sich selber oder das eigene Ziel mit einem größeren Teil (des Bewußtseins) der Welt zu verbinden und dadurch sich selber bzw. dem eigenen Wunsch mehr Lebenskraft zu geben. Durch diese Methoden beginnt man selber bzw. der eigene Wunsch mit einem größeren Teil der Welt zu schwingen, wodurch man entweder die eigenen magischen Möglichkeiten erhöht oder den eigenen Wunsch „auflädt".

Drei Methoden, die dieses „Schwingen mit etwas Größerem" sehr stark fördern, sind das Ritual, der Kult und der Gesang (Mantren, Chants).

Die Methoden der Magie, durch die man sich selber und den eigenen Wunsch in einem größeren Teil der Welt (Ahn, Tiergeist, Gottheit, Planet o.ä.) integriert, sodaß man mit diesem schwingt, verleiht dem Wunsch mehr Lebenskraft, was letztlich bedeutet, daß man sich selber bzw. den eigenen Wunsch in eine Gottheit o.ä. integriert – was diesem Wunsch sehr viel Kraft gibt.

Aus dieser Sicht ist das Erlebnis der Einheit der Welt („Samadhi", „Nirvana" „Unio mystica") die beste Voraussetzung für das Bewirken von Magie – das Gestalten der Welt aus dem Bewußtsein der Welt (Gott) heraus.

14. Die Magie-Formel

Die Ergebnisse dieser Betrachtungen lassen sich nun auf mehrere Weisen darstellen: als die „15 Sätze", als ein „normaler" Text, als Diagramme und schließlich auch als mathematische Formeln.

14. a) Die 15 Sätze der Magie

Diese 15 Sätze sind in diesem Buch nach und nach entwickelt und schon mehrfach angeführt worden. Sie lauten:

der drei Hauptsätze

1. Materie ist die Außenseite der Welt – Bewußtsein ist die Innenseite der Welt.
2. Das Bewußtsein wirkt auf die Materie, dessen Innenseite es ist – die Materie wirkt auf das Bewußtsein, dessen Außenseite sie ist.
3. Die Naturwissenschaften haben eine kausale Struktur – das Bewußtsein und die Magie haben eine Struktur aus Analogien.

der drei Bewußseins-Sätze

1. Das Bewußtsein besteht aus dem Bewußtsein an sich, den Bewußtseinsinhalten und den Bewußtseinsschwellen.
2. Die Bewußtseinsinhalte ergeben sich aus der Wahrnehmung der Welt (siehe den 1. Hauptsatz). Die Bewußtseinschwellen ergeben sich daraus, was ein Mensch in seine Psyche integriert hat und was nicht.
3. Die Stärke der Magie hängt davon ab, wie groß der Bereich ist, mit dem das Bewußtsein verbunden ist und dessen Inhalte in die Psyche integriert sind.

die drei Lebenskraft-Sätze

1. Die Lebenskraft ist mit dem Bewußtsein identisch.
2. Die Lebenskraft ist die Wahrnehmung des Bewußtseins durch das Bewußtsein und die Darstellung des Wahrgenommen mit Bildern aus der materiellen Welt.
3. Die Lebenskraft, d.h. das Bewußtsein kann sich auch direkt ohne die Zuhilfenahme äußerer Bilder wahrnehmen – z.B. in der Stille-Meditation.

die drei Ergänzungssätze

1. Das Bewußtsein kann sich räumlich und zeitlich ausdehen.
2. Selbstliebe ruft mühelose Magie ("Strahlen") hervor.
3. Gottheiten können "außergewöhnliche Magie" bewirken.

die drei Unterpunkte

1. Die Formel "Konzentration · Bindung = Lebenskraft-Fluß" gilt nur für die Willens-Magie.
2. Die Gesamtwirkung bei der Willensmagie ist:
"Konzentration · Bindung + Konzentration · Taten = Gesamtwirkung"
3. Die Erdung durch kausale Taten ist bei der Willens-Magie förderlich, aber nicht unbedingt notwendig.

Diese 15 Sätze werden durch die Kenntnis der fünf Ebenen ergänzt, in denen die Magie stattfinden kann:

die fünf Ebenen			
physische Welt		*Bewußtsein/Magie*	
physischer Bereich	*geprägt durch*	*Magie*	*Haltung*
Raumzeit	Gravitonen	Gottes-Magie	keine Magie
Elementarteilchen	Photonen	Gottheiten-Magie	Bewegung
Atomkerne	Gluonen	Selbstliebe-Magie	Zentrierung
Moleküle	Photonen	Willens-Magie	Bewegung
Alltag	Gravitonen	Körper	Bejahung

14. b)   Die Beschreibung der Magie

Man kann diese 5 Gruppen von je 3 Sätzen auch als einen einfachen Text darstellen, der etwas weniger formelhaft klingt:

Die Welt ist durch zwei Prinzipien geordnet: zum einen durch die Kausalität, also die zeitliche Entwicklung von Systemen (was durch die Naturwissenschaften beschrieben wird), und zum anderen durch Verwandtschaften, Analogien und die Kopplung von Systemen (was durch die Astrologie und die Magie beschrieben wird). Beides zusammen ergibt eine Welt, die durch Analogie-Bindungen geordnet ist und sich kausal entfaltet – ein riesiges Kaleidoskop.

Die materielle Welt und das Bewußtsein sind zwei Seiten derselben Welt – im Außen nimmt man die Welt mit den Sinnen wahr und im Innen direkt mit dem Bewußtsein. Das Bewußtsein eines Menschen kann den Leib dieses Menschen bewegen, weil es die Innenseite dieses Leibes ist. Das Bewußtsein kann sich jedoch auch auf andere Dinge ausdehen und sie erkennen (Telepathie) und bewegen (Telekinese) – das ist Magie. Diese Ausdehnung ist nicht nur räumlich, sondern auch zeitlich möglich (Dinge vorhersehen).

Die Stärke der Magie hängt davon ab, wie groß der Bereich ist, den das Bewußtsein integriert hat:

>   nur das Alltags-Wachbewußtsein (keine Magie),
>   die eigene Psyche (normale Willens-Magie),
>   die eigene Seele (Selbstliebe-erfülle, mühelose Magie),
>   eine Gottheit (außergewöhnliche Magie)
>   oder schließlich Gott selber (kein Unterschied mehr zwischen Magie und Nicht-Magie).

Um sich ausdehnen zu können, muß sich das Bewußtsein mit den Dingen anfreunden, die in dem Bereich sind, auf den es sich ausdehnen will. Bei dieser Bewußtseinsausdehnung sind Traumata, die Angst vor dem Tod und die Angst vor der Selbstauflösung die größten Herausforderungen.

>   Das Bewußtsein kann die materielle Welt von außen her mithilfe der Sinne wahrnehmen. Das Bewußtsein kann die materielle Welt mithilfe des physischen Körpers bewegen.
>   Das Bewußtsein kann die materielle Welt auch von innen her durch die Ausdehnung des Bewußtseins wahrnehmen (Telepathie). Das Bewußtsein kann die materielle Welt auch durch die Ausdehnung des Bewußtseins bewegen (Telekinese).
>   Das Bewußtsein kann auch andere Formen des Bewußtseins wahrnehmen – diese erscheinen dann als Lebenskraft.
>   Schließlich kann das Bewußtsein auch noch sich selber wahrnehmen – das wird dann als erfüllte Stille erlebt, die frei von Gedanken, Gefühlen, Impulsen, Bildern usw. ist, und nur aus der Selbstwahrnehmung des Bewußtseins besteht.

14. c) Die Diagramme der Magie

Die Möglichkeiten in der Magie lassen sich auch als Diagramm darstellen.

Die Grundstruktur dieses Diagramms ist die Darstellung der beiden Seiten der Welt: die Innenseite der Welt (Bewußtsein) und die Außenseite des Welt (Materie) – beides ist dieselbe Welt.

Bewußtsein
Materie

In diesen und in allen folgenden Diagrammen ist das Bewußtsein eines Bereichs stets an die Materie dieses Bereiches gebunden – beides sind zwei Seiten derselben Welt. Dieser Zusammenhang wird in den Diagrammen durch die Symbole „▲" und „▼" ausgedrückt:

Bewußtsein
▲
▼
Materie

Das nächste Element, das in diesem Diagramm gebraucht wird, ist ein einzelner Mensch mit seinem Bewußtsein und seinem Leib. Dieser Leib ist die Außenseite des Menschen und sein Bewußtsein die Innenseite dieses Menschen – beides sind zwei Seiten derselben Sache.

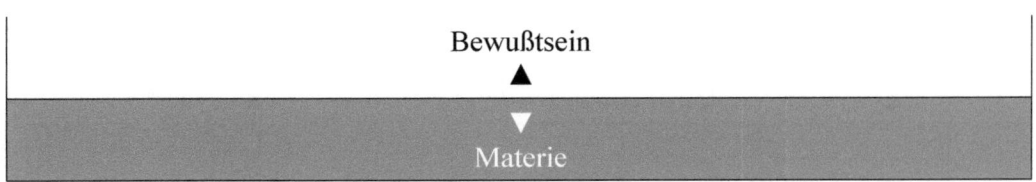

Mensch-Bewußtsein	Welt-Bewußtsein
▲	▲
▼	▼
Mensch-Leib	Welt-Materie

Die normalen physischen Wahrnehmungen wie z.B. das Sehen eines Baumes gehen von dem physischen Leib aus zu diesem Baum in der physischen Welt.

Die normalen physischen Handlungen wie z.B. das Halten eines Apfels gehen von dem Leib des Menschen zu dem Apfel in der physischen Welt.

Mensch-Bewußtsein ▲		Welt-Bewußtsein ▲
▼ Mensch-Leib	Wahrnehmung → Handlung →	▼ Welt-Materie

Die magische Wahrnehmung einer Sache in der Welt geht von dem Bewußtsein selber aus und nicht von den materiellen Sinnen (Telepathie).

Das „Lenken des Zufalls", das das Hauptelement der Willens-Magie ist, geht von dem Bewußtsein des Menschen aus und strukturiert das Bewußtsein der Welt so um, daß die erwünschten „Zufälle" eintreten.

Mensch-Bewußtsein ▲	Telepathie → Zufalls-Lenkung →	Welt-Bewußtsein ▲
▼ Mensch-Leib	Wahrnehmung → Handlung→	▼ Welt-Materie

Bei der normalen Telepathie nimmt man eine Sache so wahr, wie sie physisch aussieht, oder man nimmt ein Bild oder einen Gedanken oder ein Gefühl in dem Bewußtsein eines anderen wahr.

Bei der Wahrnehmung von Lebenskraft, also z.B. dem Sehen des milchigweiß leuchtenden Schemens eines Totengeistes oder des Leuchtens des Lebenskraftkörpers eines anderen Menschen, nimmt man das Bewußtsein eines anderen Menschen, eines Tieres, eines Planeten usw. nur von außen wahr – wenn man so auf das Bewußtsein schaut, aber nicht in das Bewußtsein hineinschaut, erscheint es als Lebenskraft.

Diese drei Wahrnehmungen kann man als drei „Bewußtseins-Bewegungen" darstellen:

Bewußtsein => Telepathie => physisches Bild
　　　　　　　　　　　　　(Körper)
Bewußtsein => Telepathie => Bewußtseinsinhalt in einem anderen Bewußtsein
　　　　　　　　　　　　　(Bilder u.ä.)
Bewußtsein => Telepathie => Außenwahrnehmung eines anderen Bewußtseins
　　　　　　　　　　　　　(Lebenskraft)

Die Telepathie, bei der man einen Bewußtseinsinhalt in einem anderen Menschen wahrnimmt, kann man in der Graphik wie folgt darstellen:

Bewußtsein von Mensch 1 ▲	Telepathie →	Telepathie → Bewußtsein von Mensch 2 ▲
▼ Leib von Mensch 1		▼ Leib von Mensch 2

Die Telepathie, bei der man etwas Physisches wahrnimmt, sieht in der Graphik etwas anderes aus. Man weitet das eigene Bewußtsein auf das Bewußtsein dessen aus, was man wahrnehmen will und kann dann dessen Körper und dessen Bewußtseinsinhalte so wahrnehmen, als ob es der eigene Körper und die eigenen Bewußtseinsinhalte wären.

Bewußtsein von Mensch 1 ▲	Telepathie →	Telepathie ↓	Bewußtsein von Mensch 2 ▲
▼ Leib von Mensch 1		▼ Leib von Mensch 2	

Bei der Wahrnehmung der Lebenskraft schaut man von außen auf das Bewußtsein z.B. eines anderen Menschen. Diese Form der Wahrnehmung kann man graphisch wie folgt darstellen:

Bewußtsein von Mensch 1	Telepathie →	Bewußtsein von Mensch 2
▲		▲
▼ Leib von Mensch 1		▼ Leib von Mensch 2

Man kann die bereits beschriebene Zufallslenkungs-Magie auch mit einer Gruppe von Menschen durchführen, wodurch die magische Handlung an Kraft gewinnt.

Die entsprechende physische Handlung wäre das Suchen nach Verbündeten und das Anstellen von Helfern.

Bewußtsein einer Menschengruppe	Zufalls-Lenkung →	Welt-Bewußtsein
▲		▲
▼ Leiber einer Menschengruppe	Verbündete, Helfer →	▼ Welt-Materie

Bei der „Papierrädchen-Telekinese" weitet man sein Bewußtsein auf das Bewußtsein des Papierrädchens aus und kann es dann wie den eigenen Leib bewegen. Man kann sich natürlich fagen, wieso das möglich ist, aber zunächst einmal kann man nur sagen, daß es offensichtlich möglich ist.

Bewußtsein	Telekinese →	Telekinese ↓	Bewußtseins des Papierrädchens
▲			▲
▼ Leib			▼ Materie des Papierrädchens

Bei der Gottheiten-Magie ist der Magie-Vorgang komplexer. In diesem Fall verbindet sich der Mensch zunächst einmal mit einer Gottheit und handelt erst dann. Dadurch erhält seine Magie eine größere Kraft und es wird neben der Zufalls-Lenkung auch das Bewegen und das Verwandeln von Materie möglich.

Die Verbindung mit einer Gottheit wird im Folgenden durch die beiden Symbole „⊣ " und „ ⊢" gekennzeichnet.

Die entsprechende physische Handlung wäre das Benutzen von Kräften, die deutlich über die menschliche Muskelkraft hinausgehen – das deutlichste Beispiel dafür sind Kernkraftwerke und Atombomben.

Bewußtsein ⊣ ⊢ ▲	Gottheit	Zufalls-Lenkung → Bewegen von Materie → Verwandeln von Materie →	Welt-Bewußtsein ▲
▼ Leib	(Leib der Gottheit = Teil der Welt)		▼ Welt-Materie

In diesen Graphiken besteht die Konzentration darin, daß man die eigene Aufmerksamkeit und somit auch das eigene Bewußtsein innerlich auf einen anderen Menschen oder eine Sache ausrichtet und dadurch einen Kontakt zu ihr erhält. Dadurch wird man zu einem Teil des Bewußtseins dieses Menschen (wenn man z.B. schaut, was mit dessen Leber los ist) bzw. wird gewissermaßen zu dem Bewußtsein der betreffenden Sache, die man telepathisch erfassen oder telekinetisch bewegen will. Durch die Konzentration weitet man das eigene Bewußtsein auf einen anderen Menschen oder eine Sache aus.

Bei diesem Vorgang ist die magische Bindung der Weg, auf dem man zu dem betreffenden Menschen oder der Sache gelangt. Wenn man nur eine Information erlangen will, reicht in der Regel ein Photo des betreffenden Menschen oder der Sache als Bindung aus.

14. d)   Die Formeln der Magie

Zumindestens ein großer Teil dieser Erkenntnisse läßt sich auch als mathematische Formeln darstellen.

Die Formel für die Willens-Magie ist schon hergeleitet worden:

$$\text{Konzentration} \cdot \text{Bindung} = \text{Lebenskraft-Fluß}$$

Als nächstes könnte man nun die Feststellung, daß die Widerspruchsfreiheit und Einsgerichtetheit, die durch die Selbstbejahung und die Selbstliebe entstehen, zu einer mühelosen Magie führen, in diese Formel einfügen.

Die Konzentration ist also optimal, d.h. ungestört, wenn der Betreffende in seiner Selbstliebe ruht. Mathematisch kann man dies ausdrücken, indem man die „volle, ungestörte Konzentration" mit 100% ansetzt und dann die Widersprüche (z.B. 30%) von ihr abzieht.

Es ist natürlich schwierig, den Grad der Störung durch die ungelösten Widersprüche in der Psyche zu messen – zumal ein Widerspruch bei einem Thema gar keine und bei einem anderen Thema eine große Wirkung haben kann. Aber als Prinzip läßt sich die Konzentration als (100% - x% der Widersprüche) formulieren.

Die oben genannte Formel kann daher um den Aspekt der „mühelosen Konzentration" (100%; ohne innere Widersprüche; Leben aus der Seele heraus) erweitert werden:

$$\text{Konzentration} \cdot (100\% - x\% \text{ der Widersprüche}) \cdot \text{Bindung} = \text{Lebenskraft-Fluß}$$

Es ist nicht sicher, ob diese Formel die Vorgänge schon korrekt beschreibt, aber es ist auf jeden Fall eine gute Näherung. Ein Aspekt, der aus dieser Formel nicht heraus ersichtlich ist, ist die Qualität des Erlebnis der Begegnung mit der eigenen Seele. Dies ist eindeutig ein Schritt in eine andere Qualität und nicht nur ein „mehr von dem, was vorher auch schon da war".

Die ausreichend intensive Verbindung zu einer Gottheit ermöglicht die „außergewöhnliche Magie".

Eine solche Verbindung wird man nur dann herstellen können, wenn die Psyche ausreichend integriert ist – oder es zumindestens keine inneren Widersprüche in Bezug auf das Thema der betreffenden Gottheit gibt.

Wie kann man in der Magie-Formel den Schritt von der normalen Magie zu der außergewöhnlichen Magie darstellen? Auch dieser Schritt ist nicht nur ein „mehr von dem, was vorher auch schon da war", sondern das Erreichen einer neuen Qualität.

In der Formel läßt sich dies jedoch nur als ein „mehr" darstellen. Doch wieviel mehr Lebenskraft hat eine Gottheit als ein Mensch? Wenn man die normale Papierrädchen-Telekinese mit der Levitation (Schweben) eines Menschen oder gar mit der Auferweckung eines Toten vergleicht, kann man zunächst nur sagen: Eine Gottheit verfügt über sehr viel mehr Lebenskraft als ein Mensch …

Das Gewicht eines Telekinese-Papierrädchens ist deutlich unter 1g – das Gewicht eines Menschen ist ca. 70kg. Das Gewichtsverhältnis ist also ungefähr 1:100.000. Hinzu kommt noch, daß das Papierrädchen nur gedreht wird, aber nicht zum Schweben gebracht wird. Man wird also sagen können, daß die außergewöhnliche Magie (Levitation eines Menschen) mindestens 1 Millionen-mal stärker ist als die normale Magie (Papierrädchen).

Man kann das in der Formel dadurch ausdrücken, daß man die außergewöhnliche Magie (Gottheit) zu der normalen Magie (Mensch) addiert.

Auch bei der außergewöhnlichen Magie kann man einen ähnlichen Faktor wie bei der Konzentration beifügen, der beschreibt, in welchem Ausmaß die Gottheit mitwirkt: „100% - x% der Störungen". Vermutlich gibt es meistens entweder „keine Hilfe von der Gottheit" oder die „volle Hilfe von der Gottheit": jemand levitiert (schwebt) oder er levitiert nicht …

Man müßte vor den Gottheiten-Teil der Magie-Formel zudem den Faktor stellen, der die Größe des Gottheiten-Magie im Vergleich zu der Menschen-Magie beschreibt – dieser Faktor wird hier grob auf (mindestens) 1.000.000 geschätzt und ist natürlich keineswegs präzise.

Das Grundprinzip „Konzentration · Bindung" wird bei dieser Form der Magie dasselbe sein – die Konzentration ist vollkommen, da eine Gottheit keine inneren Widersprüche hat, und die Bindung wird zumindestens nahe bei 100% sein, da sonst gar nicht erst eine eine ausreichend intensive Bindung von dem Menschen zu der Gottheit entstanden wäre.

Der Faktor „100% - x% der Störungen$_{Mensch}$" ist in dem zweiten Summanden der folgenden Formel also in aller Regel „1" – entweder ist die Verbindung zu der Gottheit da oder nicht.

Die Formel müßte daher wie folgt lauten:

$$\text{Konzentration}_{\text{Mensch}} \cdot (100\% - x\% \text{ der Widersprüche}_{\text{Mensch}}) \cdot \text{Bindung}$$
$$+$$
$$\text{Konzentration}_{\text{Gottheit}} \cdot (100\% - x\% \text{ der Störungen}_{\text{Mensch}}) \cdot \text{Bindung}_{\text{Mensch}} \cdot 1.000.000$$
$$=$$
$$\text{Lebenskraft-Fluß}$$

Bei der normalen Magie ist der zweite Summand gleich „0", weil die Störungen in der Verbindung des Menschen zu der Gottheit sehr groß sind und daher der Faktor in der Klammer gleich „0" ist. Daher ist die Wirkung der normalen Willens-Magie klein und besteht vor allem aus telepathischer Informationsbeschaffung, Zufalls-Lenkung u.ä.

Bei der außergewöhnlichen Magie ist der zweite Summand sehr viel größer als der erste Summand, weil der Faktor in der Klammer gleich „1" ist. Daher ist die Wirkung dieser Form der Magie groß und besteht aus der Bewegung und der Verwandlung von Materie.

Für die Form der Magie, die entsteht, wenn man „in Gott ruht", kann man keine sinnvolle Formel aufstellen, da man dann, wenn man diesen Zustand erreicht hat, das bejaht, was da ist und es keinen Unterschied mehr zwischen Magie und Nicht-Magie gibt. Oder anders gesagt: Die Welt ist Gottes Körper und Gott kann seinen Körper mühelos bewegen.

In ähnlicher Weise gibt es auch keine Magie-Formel für das rein physische Handeln, weil es dort eben keine Magie gibt.

Bestenfalls könnte man noch die Magie des „Ruhens in Gott" als „Magie = 1" beschreiben und die Magie beim bloßen physischen Handeln als „Magie = 0".

15. Der Nutzen der Magie-Formel

Die Magie-Formel, d.h. die inzwischen „15 Sätze" sowie die ihnen entsprechenden Diagramme und mathematischen Formeln führen die gesamten magischen Phänomene auf ein einfaches Prinzip zurück, das vor allem durch die drei Hauptsätze und den ersten Ergänzungssatz beschrieben wird.

Zusammen mit dem Modell der fünf Ebenen der Magie ermöglichen sie eine einfachere Orientierung in der Magie und auch ein einfacheres Einschätzen, was in der Magie das Wichtige ist, damit sie „funktioniert".

Auch die fünf Arten der Magie werden durch die fünf Ebenen deutlicher:

1. keine Magie (Körper),
2. Willens-Magie (Psyche),
3. Strahlen durch Selbstliebe (Seele),
4. Wunder (Gottheiten) und
5. das Bejahen des Lebens (Gott).

Die drei Unterpunkte, die die Willens-Magie beschreiben, haben nur einen geringen Wert, wenn man sie mit der Wirkung der Selbstliebe oder mit der Gottheiten-Magie (Wunder) vergleicht. Immerhin zeigt die Formel „Konzentration · Bindung = Lebenskraft-Fluß", daß die Konzentration und die Analogie-Genauigkeit ungefähr dieselbe Qualität haben sollten, daß die Erdung der magischen Handlung durch eine kausale Tat nicht unbedingt notwendig ist.

Der 1. Ergänzungssatz beschreibt die Möglichkeiten des Bewußtseins und somit auch der Magie. Der 2. und der 3. Ergänzungssatz beschreibt die beiden fortgeschrittenen Formen der Magie.

Die Diagramme und die mathematische Formulierung der wichtigsten Prinzipien dieser „15 Sätze" zeigen die Einfachheit des Modells der Welt, das diesen „15 Sätzen" zugrundeliegt.

Es gibt vier konkrete Formen des Nutzens dieser fünfzehn Sätze und der ihnen entsprechenden Diagramme und mathematischen Formeln:

1. Sie sind eine einfache Beschreibung der magischen Phänomene und zugleich auch des Bewußtseins.

2. Daher können sie helfen, sich bei der Ausübung der Magie auf das Wesentliche zu konzentrieren – z.B. auf das „Strahlen".

3. Diese „15 Sätze" sind daher auch bei dem Versuch, religiöse und spirituelle Phänomene zu verstehen, sehr hilfreich, da diese Sätze die

Strukturen im Bewußtsein beschreiben, die mehr umfassen als nur einen einzelnen Menschen (Seele, Tiergeister, Pflanzengeister, Mineralgeister, Gottheiten und Gott usw.).

4. Sie zeigen, daß es „gewöhnliche Magie" (Willens-Magie) und „außergewöhnliche Magie" (Gottheiten-Magie) gibt, und sie beschreiben auch den Unterschied zwischen diesen beiden Magie-Formen sowie zumindestens skizzenhaft auch den Weg zu der „außergewöhnlichen Magie": der Kontakt zu einer oder mehreren Gottheiten.